# 南方传媒研究
NANFANG MEDIA RESEARCH

南方报业传媒集团 南方传媒学院 主编

南方日报出版社
NANFANG DAILY PRESS

图书在版编目（CIP）数据

南方传媒研究·第四十四辑：新闻可视化/南方报业传媒集团 南方传媒学院主编．—广州：南方日报出版社，2013.10

ISBN 978-7-5491-0965-4

Ⅰ.①南… Ⅱ.①南… Ⅲ.①传播媒介-中国-文集 Ⅳ.①G219.2-53

中国版本图书馆CIP数据核字（2013）第242088号



# 南方传媒研究

## 第四十四辑：新闻可视化

南方报业传媒集团 南方传媒学院 主编

出版发行 南方日报出版社
地 址 广州市广州大道中289号
电 话 （020）83000502
经 销 全国新华书店
印 刷 广州市怡升印刷有限公司
开 本 787mm×1092mm 1/16
印 张 12.75 彩插 0.5
字 数 270千字
版 次 2013年10月第1版
印 次 2013年10月第1次印刷
定 价 28.00元

投稿电话：020-83003364 83004106
网址：http://media.nfdaily.cn

# 目录 Contents

NO.44



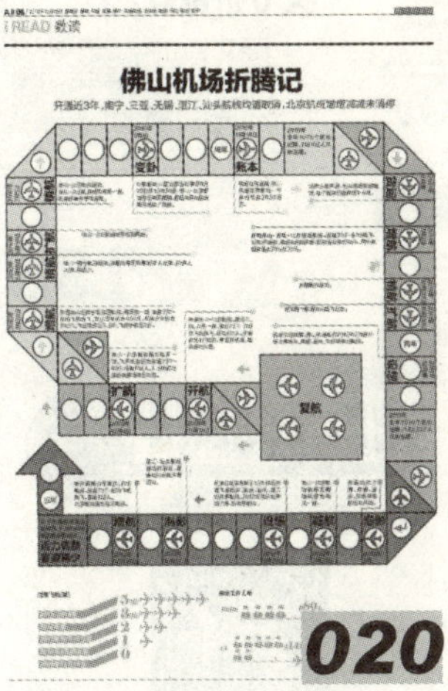

南方周末
隐形石油富豪的“年代”
石油系“反垄”
大V近黄昏?
135

广州新闻·热点
以为是一份爱心的传递
不料是精心策划的炒作
147

疑云重重的叙利亚
大V这个敏感词
XINMIN WEEKLY
新民周刊
被招安的方力钧
八年光明行
李某某他妈的舆论战
160

# 传媒茶座 189



# 微博话题 201

# 编后记 204



# 中间插页



## 编委会


主　　任 莫高义

副 主 任 张东明

编委会委员

黄晓东 王更辉 丘克军

江艺平 蔡玉明 欧阳农跃

黄常开 王垂林 吴爱平

曹 轲 陈广腾 孙爱群

黄 灿 王 巍 胡 键

沈 颢 陈明洋 任天阳

徐 列 刘 晖 陈 永

执行主编 罗永新

编　　辑 吴自力

封面设计 墨 白

封面漫画 邝 飚

版式设计 伍圣游

编　　务 张巧玲



地　　址 广州市广州大道中289号

电　　话 020-83003364 87363753

传　　真 020-83004106

邮政编码 510601

电子邮箱 nfcmyj@vip.163.com

nfcmyj@163.com

网　　址 http://media.nfdaily.cn

http://www.nfmedia.com/cmzj/cmyj/

“舆情监测是‘补台’，而不是‘拆台’。它力图用公开回应、透明应对的手法，化解公众与政府、企业之间的矛盾，帮助修复和提升公共形象。我们希望把舆情监测做成‘阳光产业’而不是‘月光产业’，后者不去认真解决舆论危机中暴露出来的问题，而是用删帖等方法回避问题。”

——10月10日，人民网舆情监测室秘书长祝华新在《人民日报》上谈舆情监测。

“从去年以来，无论是用户规模、基础设施、智能终端和应用数据数量、技术支持，移动互联网全方位发展，以前所未有的深度和广度推动社会发展，改变人民的生产和生活。”

——国家互联网信息办公室专职副主任彭波在2013年互联网大会上指出移动互联网的跨越式发展带来社会巨变。

“凡是在重要网站上出现与防城港市工作有关的留言，必须100%及时发现和回应；凡是在网上出现对市委、市政府领导直接提问、批评或求助的留言，必须100%及时研究和办复；凡是涉及人群多、影响范围广的留言，必须100%报告主管领导并提出建议；凡是对社会和公众利益有严重危害的留言，必须100%及时应对。”

——8月8日，广西防城港市委书记刘正东在报纸上谈该市对网友留言做到“四个100%”。

“‘崔永元让人一次猜个够’——人民网也这么八卦？我不是娱乐圈的人，我不希望自己的生活被人消遣，我说明白了吗？”

——崔永元离职中央电视台的传闻再次被炒得沸沸扬扬。9月21日，崔永元的腾讯认证微博“崔永元－实话实说”发微博称不希望被消遣。

“白岩松告诉我，观众骂春晚不是新闻，夸春晚才是新闻。你看斧头帮手里握两把斧头，说明这事儿很凶险。”

——9月18日，走马上任两个月有余的冯小刚，在接受采访时坦言执导春晚比想象的还难。

“O2O 已经让水泥、房子、家、保姆……跟互联网连接起来了。再往下我们会把提供各种服务的号码和评价都展现给你。O2O 终于使互联网走出虚拟，全面融入线下服务。”

——9 月 12 日，北京搜狗科技发展有限公司 CEO 王小川在接受采访时称互联网将全面拥抱线下服务。

“讲好中国故事，传播好中国声音，对外话语体系建设十分重要。中国故事能不能讲好，中国声音能不能传播好，关键要看受众是否愿意听、听得懂，能否与我们形成良性互动，产生更多共鸣。”

——10 月 10 日，中宣部副部长、中央对外宣传办公室主任蔡名照在报纸上谈如何深入学习贯彻习近平同志在全国宣传思想工作会议上的重要讲话精神。

“在日本和美国的出版业中，期刊的地位比图书要高。但在中国，期刊的发展程度相对于图书比较落后，营业额只有图书的 1/4，这主要是因为期刊在人民群众当中的影响力不够。”

——9 月 12 日，原新闻出版总署副署长、中国期刊协会会长石峰在首届中国期刊交易博览会上接受采访表示。

“科技与新闻出版的融合，对人才的需求比以往更加迫切和多样化。我们希望中外加强在数字出版教育等方面的合作，欢迎国外有关院校与中国相关的大学就共同设立数字出版教育专业，开展专业教育合作。”

——8 月底，国家新闻出版广电总局副局长邬书林在北京国际出版论坛上表示，新闻出版与科技融合是发展必由之路。

新媒体赋予了我们什么呢？它将宪法赋予我们的传播的权利变成了传播的权力。现在每个人在任何时候、任何地点、任何事情都可以发布任何信息。这就是传播革命带给我们最大的变化。

——8 月 12 日，复旦大学新闻学院教授李良荣在《南方都市报》撰文指出，从网络到移动终端，正掀起一场新的传播革命。

## 比尔·盖茨

《福布斯》杂志公布的2013年美国前400位富豪排行榜显示，微软公司联合创始人比尔·盖茨以720亿美元的净资产连续第20年蝉联美国首富宝座，他的财富较去年的660亿美元增加了60亿美元。



## 阿曼达·琳浩特

2008年，27岁的"自由记者"阿曼达·琳浩特不计后果奔赴索马里，结果遭到绑架、毒打、强奸，被囚460天。活着离开索马里"狼窝"的她，用3年时间撰写著作《空中楼阁》，记述了那段经历。

## 梅根·利伯曼

9月10日，雅虎聘请前《纽约时报》副主编梅根·利伯曼(Megan Liberman)担任雅虎新闻的总编辑。她的任务包括为雅虎新闻增加"决定性的功能"，并专注于社会新闻采集和实时事件报道。

## 李开复

创新工场董事长兼CEO李开复9月5日晚间发布微博："世事无常，生命有限。原来，在癌症面前，人人平等"。随后进一步证实，李开复被查出罹患淋巴癌。很多网友在微博留言为李开复送上早日康复的祝福。

## 阳洋

“为了真实的镜头，我们的阳洋兄弟却付出了生命的代价才能换取！”8月29日，广西贺州电视台记者阳洋确认遇难，牺牲在新闻现场，时年27岁。

## 鲍尔默

微软8月23日宣布，公司CEO史蒂夫·鲍尔默已决定在未来12个月内退休。鲍尔默的退休，与去年11月英特尔前任CEO欧德宁宣布辞职一起，被解读为Wintel联盟时代的真正终结。

## 程浩

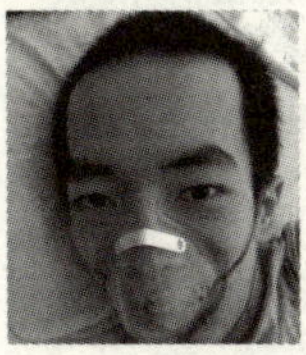

“程浩，愿你永远牛逼。”8月21日晚，在微博和知乎网上，很多网友都在怀念一个刚离世的网友——程浩。他在知乎上回答“你觉得自己牛逼在哪儿”一问时，发表的回答被点赞近万次。

## 宋祖英

8月9日，海政文工团召开内部大会，宣布新一届的领导班子，宋祖英因表现突出升任海政文工团团长一职。

## 刘春

原凤凰卫视中文台执行台长刘春，在加盟搜狐公司两年多后，将于近期离职。10月14日晚间，搜狐公司确认了这一消息。刘春在接受媒体采访时表示，离职后自己将自行创业。

## 刘洲伟

8月7日早上，《21世纪经济报道》创始人之一刘洲伟通过微博宣布，自己已经辞去21世纪传媒执行总裁及其他相关职务，未来二次创业将加入新媒体的行列中。

## 图说

### Facebook 已被中年人占领 推特与 Tumblr 才是年轻人所爱

美国商业评论网站 BusinessInsider 做了一项调查：Facebook 逐渐被中年人占领。使用者当中，86% 为美国以外的网友；Instagram68% 的使用者为女性；推特是年轻人的聚集地；LinkedIn 最国际化，男性使用者较多；Google+ 最男性化，70% 使用者为男性；Pinterest 以平板电脑使用者占多数；Tumblr 是青少年社群圣地。



## 数字

### 4.48 亿

**腾讯入股搜狗**

搜狐及其旗下搜索引擎搜狗公司与腾讯公司宣布，腾讯向搜狗注资 4.48 亿美元，并将旗下搜搜注入搜狗，获得搜狗摊薄后 36.5% 的股份。这一比例将在近期内达到 40%。在腾讯注资后，搜狐及其关联方仍是搜狗的股东。

### 500 次

**诽谤信息被转发 500 次可判刑**

"两高"公布司法解释规定，利用信息网络诽谤他人，同一诽谤信息实际被点击、浏览次数达到 5000 次以上，或者被转发次数达到 500 次以上的，应当认定为刑法第 246 条第 1 款规定的"情节严重"，可构成诽谤罪。

### 10 年

**山西假记者诈骗获刑 10 年罚金 10 万元**

近期，全国"扫黄打非"办公室联合公安部挂牌督办的山西运城"9·20"假记者案宣判。被告人杨俊林以诈骗罪被判处有期徒刑 10 年，并处罚金 10 万元。经查，杨某假冒记者身份，诈骗财物 50.2 万。

14个

753
亿元

8.2
亿

324
万吨

8.3
亿元

数字

**14 个国家社科基金项目因抄袭被通报**

8 月 30 日，全国哲学社会科学规划办公室通报，5 个国家社科基金项目因“成果存在较多引文和注释不规范的问题”，决定终止项目。这是今年 6 月以来“全规办”第 4 次通报学术不端案例。据记者统计，这 4 次通报涉及 14 个国家社科基金项目。

**去年互联网广告规模达 753 亿元**

7 月，中国互联网协会发布《中国互联网发展报告(2013)》。其显示，2012 年中国互联网广告市场规模为 753.1 亿元，较 2011 年增长 46.8%。其中 2012 年移动营销市场规模为 63.5 亿元，可谓爆发式增长的一年。

**我国移动互联网用户达 8.2 亿**

截至今年 7 月底，我国的移动互联网用户已达 8.2 亿户。今年以来，3G 移动电话用户净增 10093.5 万户，相当于去年全年净增总数，3G 用户总数达到 3.34 亿户，在移动用户中占比 28.2%。

**2013 年新闻纸用量约 324 万吨**

8 月 27 日，中国新闻出版报记者从中国报业协会获悉，2013 年全年新闻纸总用纸量预计约为 324 万吨。今年报业国内新闻纸采购量约为 310 万吨～320 万吨，而国内新闻纸产量在今年没有大变化的情况下约为 380 万吨左右，国内新闻纸市场仍然供大于求。

**39 家中央文化企业获 8.3 亿元财政支持**

10 月 15 日，财政部发布消息称，中央财政下达 2013 年中央文化企业国有资本经营预算资金 8.3 亿元，共支持 39 家由财政部代表国务院履行出资人职责的中央文化企业实施的 55 个项目。据了解，2011 年至 2013 年，中央财政已累计安排国有资本经营预算资金 18.9 亿元，共支持 65 家企业实施 107 个项目。

## 亚马逊创始人收购《华盛顿邮报》

8月5日，亚马逊公司创始人杰夫·贝索斯以2.5亿美元的价格买下了《华盛顿邮报》，该项交易也成为电子化时代知名媒体寻求生存的又一高潮。贝索斯是以个人名义买下《华盛顿邮报》公司的报纸出版业务，亚马逊公司没有涉及此项交易。



## 中国雅虎正式关闭资讯及社区服务

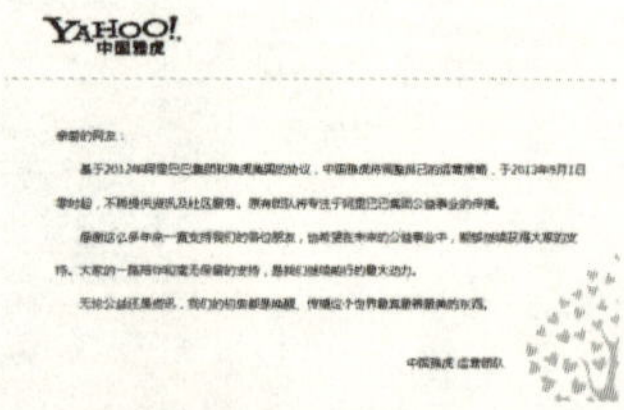


基于2012年阿里巴巴集团和雅虎美国的协议，中国雅虎将调整自己的运营策略，于2013年9月1日零时起，不再提供资讯及社区服务。原有团队将专注于阿里巴巴集团公益事业的传播。

## 新闻出版广电总局：25万新闻记者开展岗位培训

10月10日，国家新闻出版广电总局在京召开会议，部署18家中央主要新闻单位开展采编人员岗位培训工作，全国新闻采编人员的岗位培训同时启动，全国25万新闻记者将开展全员岗位培训。

## 多家知名网站联合打造国内首个辟谣平台

多家网站8月1日联合推出数据互通的辟谣平台。平台由千龙网负责内容搭建；搜狗负责数据整合；新浪微博、搜狐、网易、百度提供辟谣信息。

## 北京警方刑拘两名涉嫌造谣传谣网民

8月20日，北京警方按照大量网民的举报，打掉了一个以恶意炒作为主业的网络黑社会组织，头目“秦火火”、“立二拆四”被拘留。该组织的主要犯罪事实有：编造雷锋生活奢侈情节、大肆炒作郭美美事件、多次攻击著名将领罗援等。

**中国一流大学形象片首次亮相纽约时报广场**

美国当地时间8月30日至9月3日，中国人民大学形象片在美国纽约时报广场纳斯达克广告屏上播出。这是中国一流高校首次在国际上以播出形象片的方式展现学校形象。中国人民大学校友会证实，这是人大校友免费提供的广告播放时段，意在提升学校的国际影响力。

**动画大师宫崎骏宣布退休**

9月1日，威尼斯电影节主竞赛单元迎来了第一部亚洲电影——日本动画大师宫崎骏的《起风了》。在该片映后的官方新闻发布会上，《起风了》制片人爆出消息，宣布日本动画大师宫崎骏正式退休。

**纽约时报网站和Twitter被黑客钓鱼改了域名**

据科技博客网站Gizmodo报道，纽约时报网站和社交网站Twitter相继被自称是叙利亚电子军的黑客攻占域名，随后他们的域名注册商澳大利亚的墨尔本IT也难于幸免。

**东京电视台懒理申奥成功卖钻石被封傲娇**

9月8日，网络曝光了东京电视台一向不被时事、政治所影响的各类举动，称9月7日，当日本五大电视台都在庆祝东京申奥成功时，东京电视台则继续播放着电视购物。随后，也有网友列举了大量东京电视台“傲娇”的各种让人匪夷所思的举动。

## 新快报记者采访违建两度被打

9月10日下午，新快报两名记者前往广州白云区太和镇调查头陂村狗眠地违法建筑问题时，在太和镇政府内遭男子袭击，一记者左眼角受伤；报警后记者赶往医院治疗，4名记者不料又遭到至少6名男子围殴长达半小时。目前其中4名打人者已刑拘。

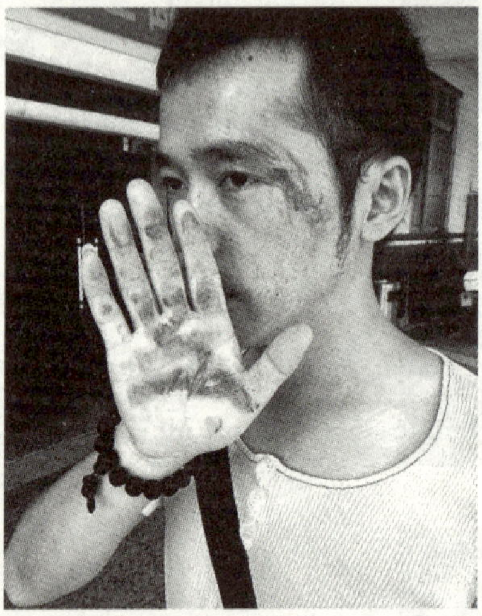



### 商户被城管打断腿 官员阻采访称记者猖狂

8月15日，山西原平十几名城管围殴一商户，将对方腿打折后才罢休。8月28日，记者到医院采访时，被原平市新闻办主任连推带拉"阻挠"，这位主任要求记者跟他回单位遭拒，随后他朝记者嚷嚷："你看你们多么的猖狂！……我叫不动你？"

### 首报"万宁校长开房"事件记者离职

8月8日凌晨，认证资料为《南岛晚报》记者杨琼文的微博用户称："因曝光海南校长开房事件，遭到了当地政府官员的压力和威胁，甚至逼迫离开海南媒体，在报道之初就料想到这样的结果，昨天终于得到验证。"经调查确认微博消息属实。

### 埃及军方血腥"清场"造成4名记者遇难

据俄罗斯RT电视台8月14日报道，埃及安全部队14日清理被罢黜总统穆尔西支持者抗议中，与抗议者发生暴力冲突，警方发射催泪瓦斯，甚至开枪镇压。而穆尔西支持者则以焚烧警察局回应，至少有278名抗议者被打死，4名记者遇难，多名媒体人受伤。

## 顾理平、徐尚青：微博实名制："错装在政府身上的手"

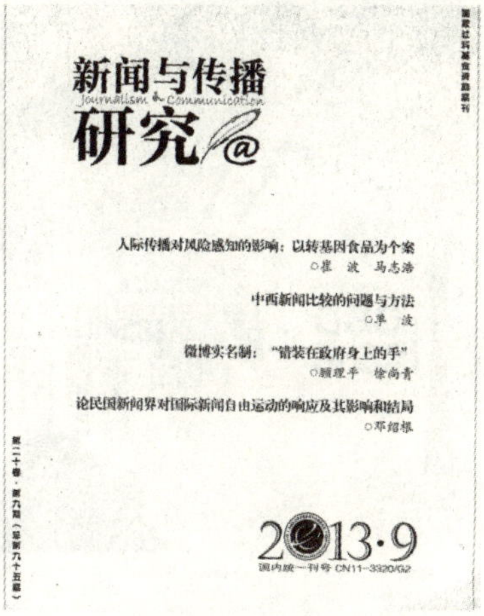


本文利用新制度经济学"成本—收益"模型分析我国微博实名制，认为政府强制推行的微博实名制成本过大而收益甚微，在"成本—收益"的"主体资格"设置上，政府和利益集团是最大的制度受益者，而普通公民则是最大的成本付出主体，因为微博实名制总体上是一个"不经济"的规制策略；尔后在以"成本—收益"为指引的效率导向下，结合莱斯格人类行为规范模型和新制度经济学"自下而上"的制度创新学说，分析了微博乃至网络空间的治理问题，主张以市场、准则、代码等内在制度为主要手段，以法律规范等外在制度为基本保障的规制理念，而在管理战略上则要重视"自下而上"的制度在规制上的创新作用。

（《新闻与传播研究》2013 年第 9 期）

## 陈世香："烂尾新闻"的套路与成因

"烂尾新闻"的形成套路：一是相关政府单位在事件曝光后第一时间做出回应，但缺乏实质性后期跟进调查或应对措施；二是事件曝光后，相关部门往往声称一旦调查属实，必然严肃查处，而之后的调查结果却迟迟未见；三是事件成因已然明确，处置措施却罔顾民意，高高举起，轻轻放下，甚至事后以简单道歉、检查等方式轻描淡写一笔勾销。"烂尾新闻"的成因有三：一是不想查，认为民意不足惧，二是不愿查，三是不敢查，四是不能查。

（《人民论坛》2013 年 5 月下）

## 社区媒体“新贵”亮相天河 CBD

9月23日，由南方都市报出版的天河CBD新闻生活周刊《CBD TIMES》正式创刊。逢每周一发行的《CBD TIMES》是一份“社区媒体”，创新整合报纸、微博、微信传播方式于一体，为一份纸、网同步的“立体式”及“可移动”读物。致力于为天河CBD精英人群提供一份高品质的新闻生活周刊。

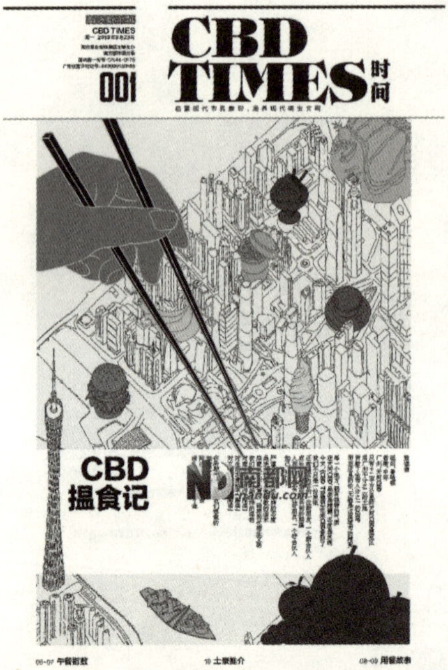


## 南方报业启动振兴粤东西北“1+X”联合采访

9月3日上午，“行走东西北”——南方报业振兴粤东西北“1+X”联合采访正式启动。由南方报业旗下各主要媒体组成的联合采访团将奔赴粤东西北，访谈各地市主要负责人，深入大项目工地，调研产业园区，走访城市建设现场，了解粤东西北加快发展的最新动向，共同唱响“振兴粤东西北”主旋律。

## 中国报刊广告投放价值排行榜公布 南方日报蝉联省级第一

第六届中国报刊广告大会发布2012-2013中国报刊广告投放价值排行榜，《南方日报》以127.15亿元的品牌价值，连续28年位居全国省级党报发行量之首，广告营收屡创新高，继续领跑党报市场改革，而再度蝉联这一殊荣。

本期焦点「新闻可视化」

## 本期焦点「新闻可视化」

## 编者按

在媒介融合的大时代里，人们只想花最少的时间来阅读最有价值的信息。更适合于移动阅读、快速传达的图形化信息渐渐成为信息传播的“新宠儿”。新闻信息的可视化追求已成为目前国内外主流报纸视觉优化的核心目标。2012年，国内各大媒体开始了信息图形化的热潮，除大量运用图表外，还纷纷开辟以信息图表为主体表现形态的专版。例如《南方都市报》的“数读”版、《新京报》的“新图纸”、《钱江晚报》的“图视绘”版等。本辑约请相关报纸的视觉总监及其美编，向读者交代新闻可视化在报纸和网站上的前世今生，总结当前视觉优化的经验教训。



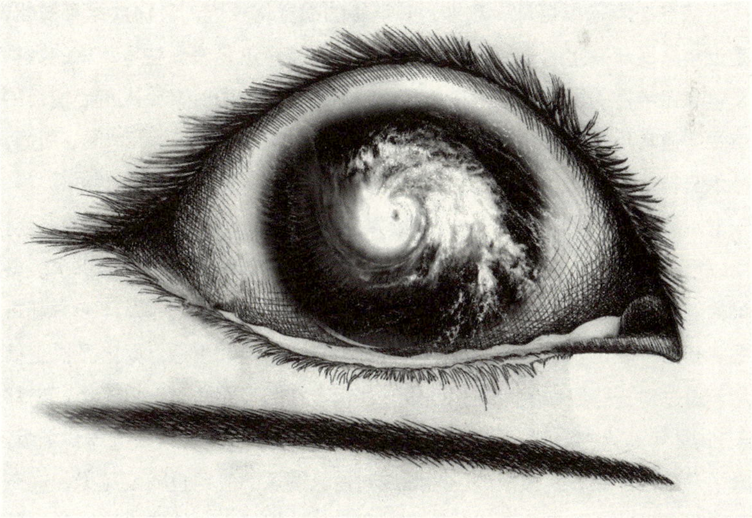

漫画　邝飚

# 创意图表：纸媒突围的利器

□墨白

墨白



信息图表是指信息、数据、知识等的视觉化表达，又称数据可视化，是近年来逐渐兴起的一种设计表达，其最大特点就是将一些冷冰冰的数据及信息以丰富的设计语言，在信息能够清晰传达的同时又给人赏心悦目的感觉。通常用于复杂信息高效、清晰地传递，例如各类标示、地图、新闻、技术文档、教材等。

近年来，在新媒体的冲击下，纸媒的受众阅读诉求发生了较大的变化，所以很多传统媒体都以这种新的表达方式来适应新型读者的阅读诉求。最早的信息图表常见于财经类杂志，而在报纸上开设专版则是从《南方都市报》开始，以“数读”的形式更加直观地表述新闻和生活、财经及民生信息，通过对一些数据的可视化处理，让读者在阅读新闻时一目了然。南都于2012年开设“数读”版，从开始的每周1-2个版迅速扩张到每周8个版，除了“数读”版，在报纸的各个版块对信息图表的应用也随处可见，这充分说明读者对这一表达方式的认可。国内其他报纸也陆续开设了图表专版或栏目，通过图表的详细解析让读者更直观地了解知识。

当然，信息图表并不是什么新产物，它其实一直存在，就算在互联网时代以前，很多杂志及报刊在传达数据及信息时就曾经有过类似的设计。

而在很多编辑软件中，我们也可以轻易产生一些柱状及图饼形的数据展示。那与今天所流行的信息图表有什么不同？如果用一句话来表达，那就是，以前的图表着重于数据的可读性，而今天在保证数据的可读性前提下，也着重于数据的可观性。信息图表已经成为当下信息有效传达的强有力工具，特别是传统媒体，由于它更加直观全面的表达形式和媒体本身的严肃性及可信度等为信息图表的有效传播搭建了优质的平台。

目前，纸媒的数据版块大概有以下几种类型：

## 一、展示型

展示型，即对新闻和信息进行归纳，然后加入小的信息图表创意，让读者一目了然。

《南方都市报》2012 年“佛山盘点”，一改往年用新闻盘点的做法，而是以信息图表的形式，让读者对自己生活的城市有一个全方位的最直观的了解。



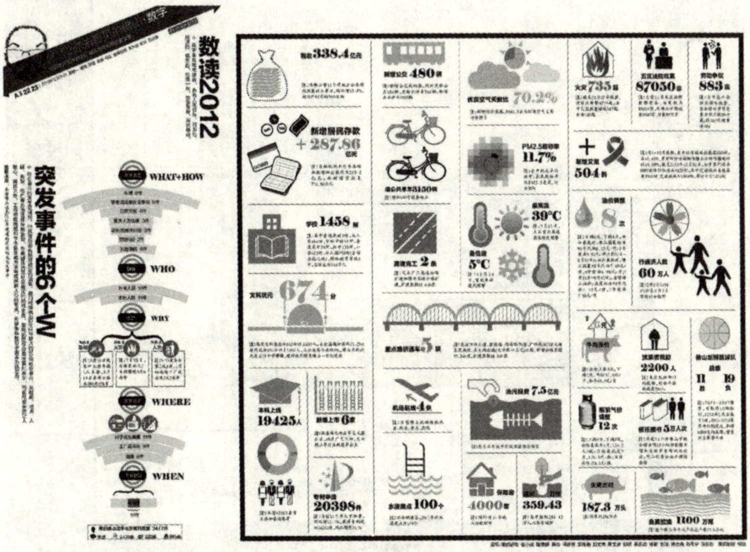


社会事件的发生是偶然，但其背后却有着相对稳定的因素，编辑对佛山 2012 年较大的 30 宗社会事件，从时间地点、人群类型、伤亡等方面用最直观的数据进行了展示，让读者对自己所处的城市的方方面面，有更直观更深刻的了解。比如通过图表我们可以看出，外来群体仍然是社会新闻的绝对主角，车祸是夺命最厉害的杀手，食品安全仍让人最揪心，工商维

权困境和学生自杀成为最刺痛人心的焦点等等。在数据的视觉表达上，采用了最直观的方式，让大众一目了然，更多是通过展示让读者和受众自己去感受，在细节设计上更加注重幽默感和情景的表达，比如治污投资，用了简单的鱼骨，让读者看到政府投入的治理资金的同时，意识到城市污染仍然是很大的问题。整个版对各个细小信息表达精细直观，同时对整版的设计又充满美感和条理。



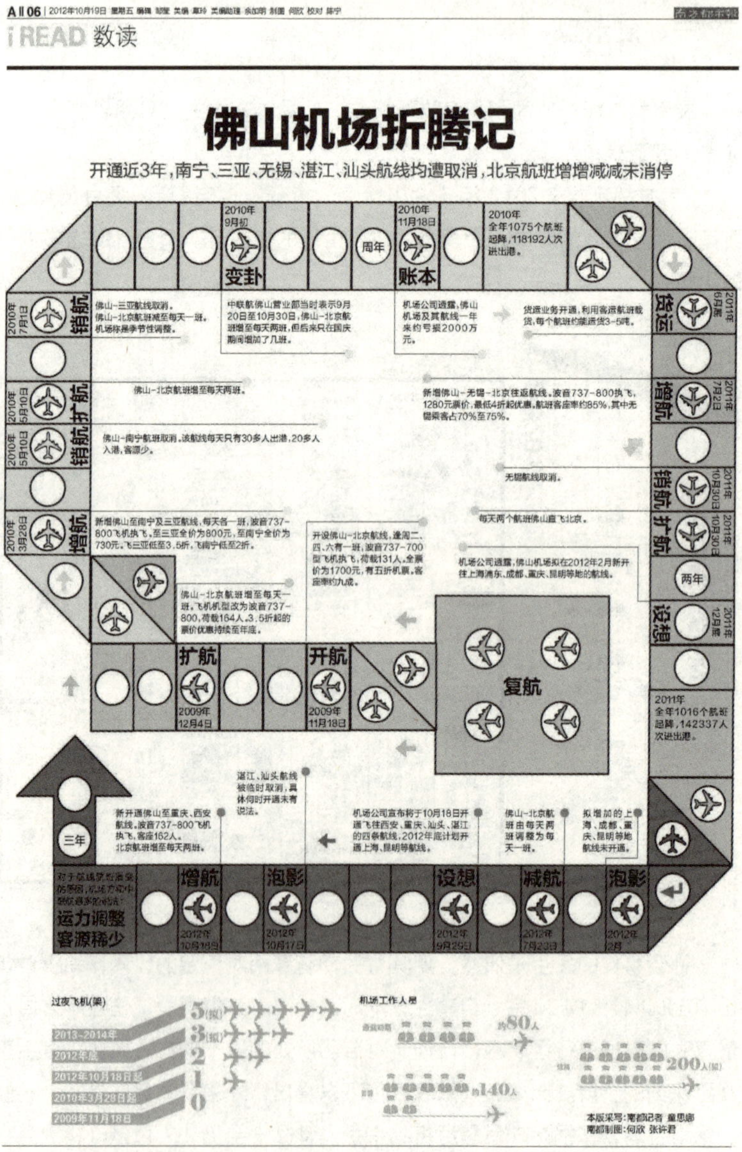

"佛山机场折腾记"则用了飞行旗的原型，把所有的新闻及信息通过图表的形式展示，让读者对佛山机场建设过程中的各种事件一目了然，四个主要的阶段用四种不同颜色，对每一个时间段增航、消航、变卦、泡影等用简单的文字说明，用这样的信息图表把一个也许用上万字才能说明白的新闻事件简洁、明了、轻松地展示出来，相信读者更喜欢这样的表现方式。

## 二、创意型

创意型，即对信息有一个整体创意，突出主体信息。

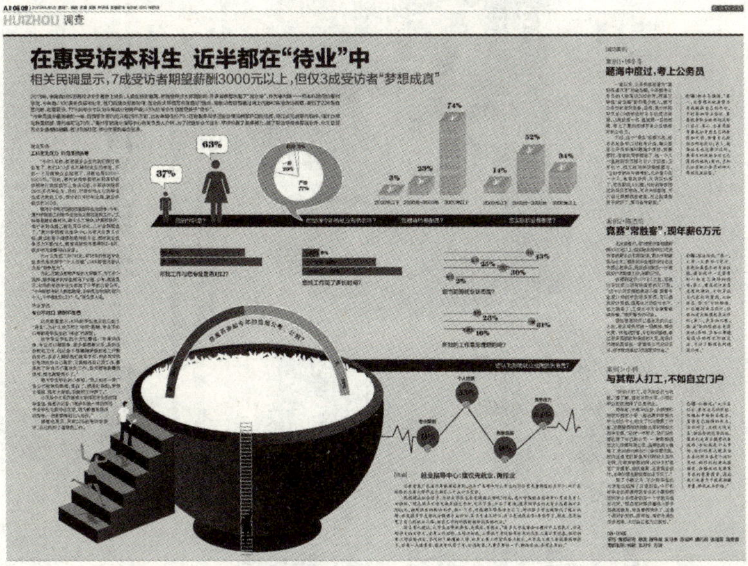
HUIZHOU 调查

在惠受访本科生 近半都在"待业"中

相关民调显示，7成受访者期望薪酬3000元以上，但仅3成受访者"梦想成真"

题海中度过，考上公务员

竞赛"常胜客"，现年薪6万元

与其帮人打工，不如自立门户



在信息的处理中，南都有时会采用相对能勾起读者阅读欲望的非信息主图，引导读者去阅读我们更为详尽的信息，如"在惠受访本科生，近半都在待业中"，这个话题本身的数据比较单一，希望通过数据引导读者对文字进行深阅读，所以我们用了比较夸张的主图来统一毕业生的一些问题，诸如对薪酬的期望，就业状况以及就业成败的主要因素等等，通过这些数据的解读，让毕业生对自己目前现状有一个正确的认识，同时版面右面提供的成功案例也变成了图表的一部分。

## 三、整体设计型

整体设计型，即基于读者的阅读习惯和诉求，在信息的排列上更注重读者的阅读轨迹以及整体版面的设计。

图表设计和其它设计一样，要遵循基本的设计规律和读者的阅读规律，对信息深入解读的同时要更注重信息的组织，《钱江晚报》在这个方面是做得比较优秀的。

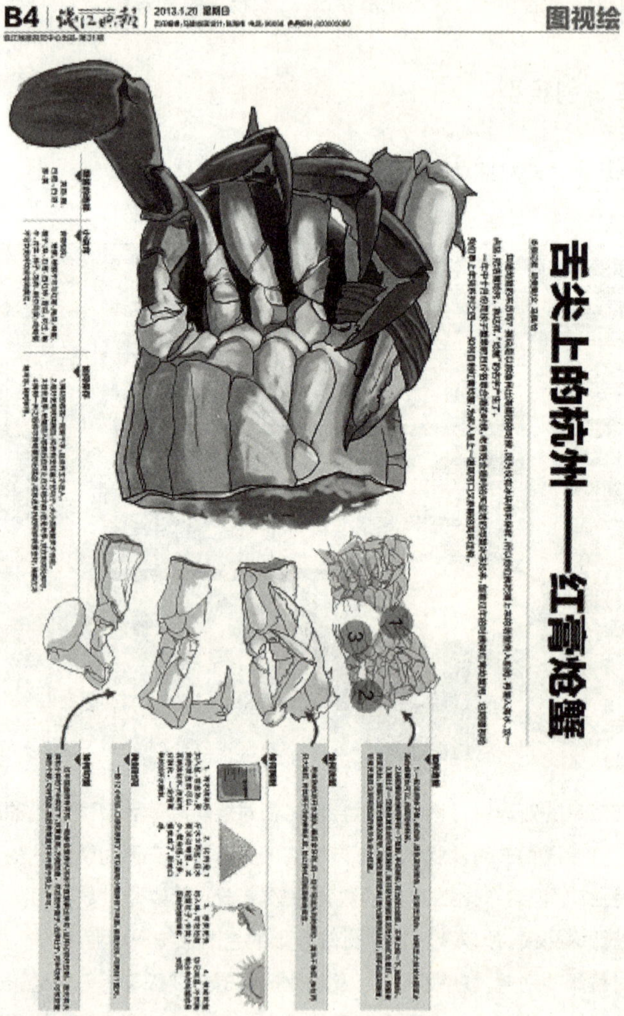




《钱江晚报》的“图视绘”信息源大多采用生活类信息，“舌尖上的杭州”系列，通过精细的图表设计让一般读者了解很多自己不知道的知识，比如红膏蟹，采用了解剖图的手法，通过对蟹每一个部件的解剖，告诉读者蟹的结构，营养价值以及每一个部位应该怎么吃等等。在制作中，把蟹的主体作为版面视觉的焦点，再通过细小信息的形象表达，全面展示所有信息。

《南方都市报》的“东莞老手艺”则采用了图文并茂的手法，在整体版面设计中，对东莞即将失传的老手艺的制作过程进行详细的图解。例如“涌底黑泥变喜庆公仔 百年模具塑三国四英”这个版，插画师用手绘的方式，详细图解了涌底黑泥从和泥到喜公仔完成的全过程，让读者在阅读文字的同时对照图示对这门手艺的全过程有一个更加详细直观的了解。

《烟台晚报》2012 年推出“海国图志”，完全采用一张主图为视觉焦点的方式，手绘完成主体，其它辅助信息如鱼的生活习性、迁徙路线身体结构等等信息则充分地考虑到视觉设计以及读者的阅读轨迹。

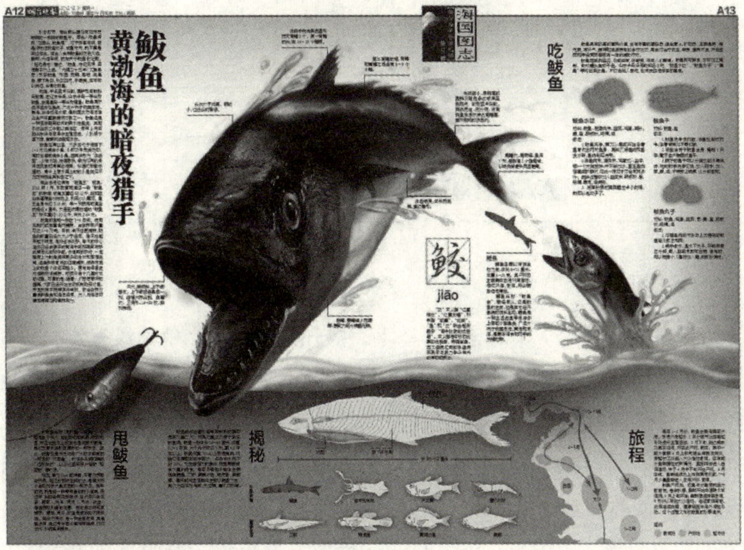
A12

鲅鱼 黄渤海的暗夜猎手

海国图志

A13

吃鲅鱼

鲛 jiāo

甩鲅鱼

揭秘

旅程

信息图表已经不是我们传统意义上的饼图、柱状图，而是通过绘画、图示、3D 等多种手法，使新闻和信息的表达、展示更加直观、生动，也成为受众最容易接受和喜欢的方式，相校新媒体，它又更进一步体现了传统媒体的优势，所以它必将成为当下传统媒体突围的一个最有利的手段。

（作者系南方都市报美术总监）

# 以图形化设计提升信息传播品质

## ——全媒体转型背景下的报纸视觉优化

□赵小星

赵小星



在媒介融合的全媒体竞争形势下，提升报纸视觉竞争力最有效的视觉优化利器是什么？在报业加快全媒体转型的大趋势下，传统报纸美编的立身之本是什么？转型路径在哪里？

2011 年 8 月 9 日，在南方日报明确提出以“全媒体转型”为战略目标的第八次改版启动的时候，南方日报的视觉设计团队就已经在全面思考探索这一课题。2013 年 10 月 23 日，南方日报第十次改版，视觉优化的关键点就是高品质的图形设计。

### 信息未来的传播形态——图形化

在媒介传播科技日新月异的信息化社会，以不断满足读者的信息便利获取为出发点，融合“文字、图像、动画、视频、语音”的复合型媒体将取代单一型传统媒介成为未来信息传播的主流媒介。

在信息无处不在的全媒体时代，人们对信息的接收将更加懒惰，人们只想花最少的时间来阅读最有价值的信息。因此，更易识易记，更轻松阅读，直观，感知易，更适合于移动阅读、快速传达的图形化信息将成为信息传播的主流形态。追求数量更多、质量更高的信息图形设计已成为目前国内外主流报纸视觉优化的核心目标。

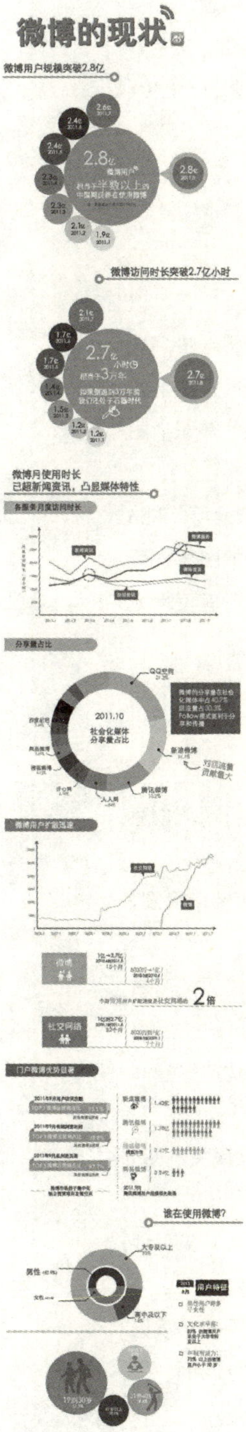


浏览一下 SND（美国新闻媒体视觉设计协会）出版的年度报刊获奖版面设计集，就能发现，信息图形化，报纸对图片、图表、插图的数量与质量要求更多更高已经成为国际主流报刊的最大共识。

## 视觉设计人员的立身之本——图形化

将文字信息转化为更简明直观、轻松悦读的图形信息就是现代媒介视觉设计人员的主要使命和价值所在。

全媒体时代，好的视觉编辑不是一个美工，而是一个信息产品形态设计师，他具备信息图形化的敏感力和多种可视化设计技能，他将深入参与信息产品的策划采编，用完美的视觉设计提升信息产品品质和信息的传播效率。

2012 年开始，国内各大媒体开始了信息图形化的热潮：

国内主流报刊加大了信息图形化力度，除大量运用图表外，还纷纷开辟以信息图表为主体表现形态的专版。例如：南都的“数读”版，钱江晚报的“图视绘”版，烟台晚报的“海国图志”版等。

新浪、腾讯、搜狐、网易等几大门户都已推出信息图栏目或数读频道。例如：新浪的“图解天下”，网易的“数读”频道。

## 信息图形的定义与类型

信息图形（Infographic），是指数据、信息或知识的可视化表现形式。它通过图像、图表、地图、示意图、漫画插图、文字等可视化图形，向受众清晰准确表现需要传达的数据、信息和知识，使数据、信息的传达更快速，更易于理解。

从时空形态上，它可分为静态信息图形和交互式信息图形。

以 Flash 为代表的交互式信息图形，能在单一界面中呈现多层数据，提供给读者一种动态的用户体验。它用多媒体的图形，可视化的数据，以及动态的文字来表现一个信息主题。

静态信息图形，它以图像、图表、地图、示意图、漫画插图、文字等视觉元素组合，来表现一个信息主题。由于它易于创作和易于复制、上传、下载、转发的特性，是目前运用最多、传播最主流的信息形式。

静态信息图形在报纸中的运用一般又可分为：新闻图片、漫画插图、栏头图标、创意制图、设计图表等五类。

**新闻图片**：主要来源于报社记者、新华社、商业图片社。

**漫画插图**：在理解分析新闻内容的基础上手绘，艺术风格突出，可以是国画、水彩、版画、漫画、装饰画、速写等绘画作品。一份报纸最好选用与本报气质相符、风格统一的一类作品或专人作品。即时新闻漫画最好设有专职插图师以确保时效，时效性不强的副刊周刊版面可以找兼职插图师。

**栏头图标**：一种是普及认可度高的已有图标（例如：奥运会标、NBA标志），一种是根据报道内容专门设计以突出或统一相关报道的图形，可以是报头、栏头、题花。图标设计力求简明易懂，一个版面中不宜使用太多，位置要得当，大小要适宜，起画龙点睛之作用。

创意制图和设计图表是窄义的信息图形，就是我们常说的信息图形化的主要表现形式。

创意制图又可分为：

**合成概念图**：为更有效地突出编辑意图，对图片、图表进行精巧创意的拼接合成，能具象表现一定概念。

**绘制示意图**：在理解分析新闻内容的基础上绘制或组合的事件示意图，有生动的图解功效。

**时序性图表**：描述空间或事件在空间中的先后流动变化。常见的有事件还原图。

**空间关系图**：描述事物空间的位置、距离、高度、面积、构成等空间组织模式图。常见的有地图、示意图及器物结构图等。

**组织概览图**：描述信息参数间整体与部分或上级与下级的从属关系图。常见的有树状示意图。

**推导性图表**：描述整体事件的因果关系及逻辑变化情况图，常见事件流程图。

**设计图表**：根据图形、文字、数据逻辑关系、组织模式的不同，常见有饼状、条柱状、线形和点状四类图表样式，分别对应表现成分比例、类项对比、时间序列、频率分布等数据逻辑关系。

■合成概念图

■绘制示意图

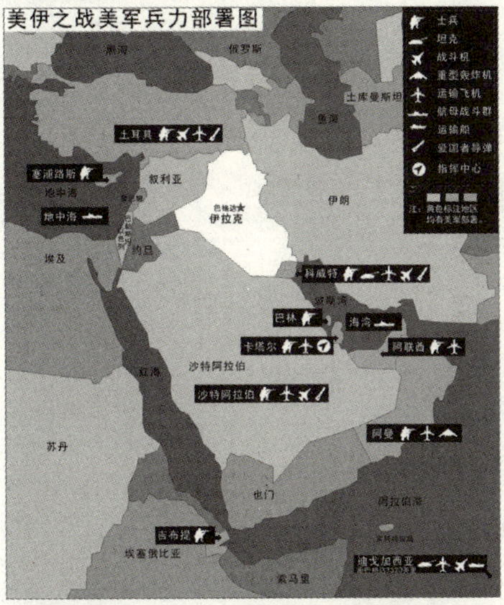


■时序性图表

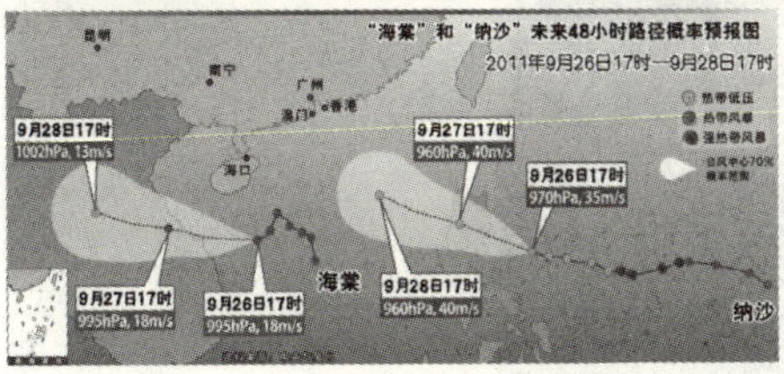


■空间关系图

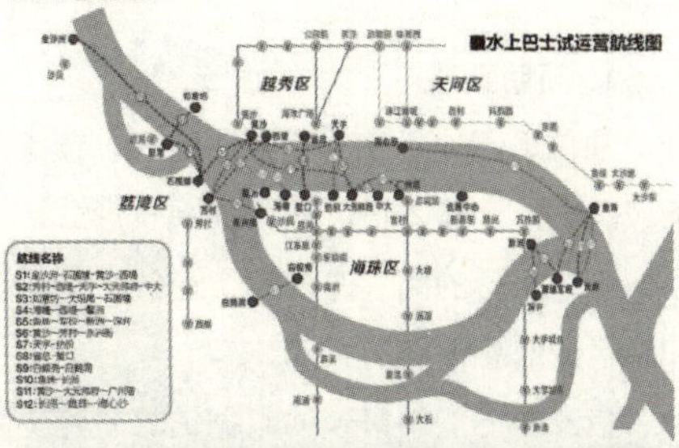

■组织概览图

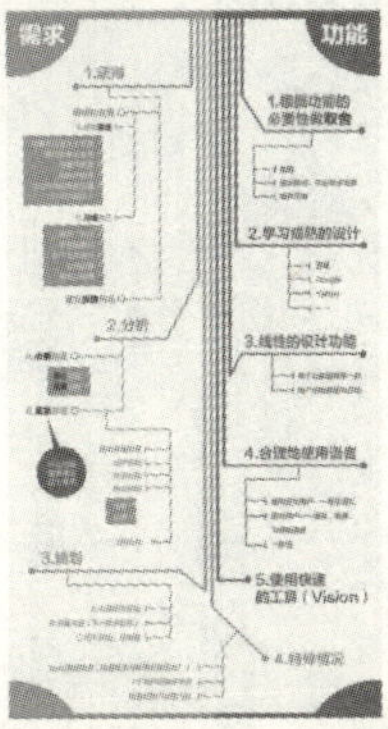


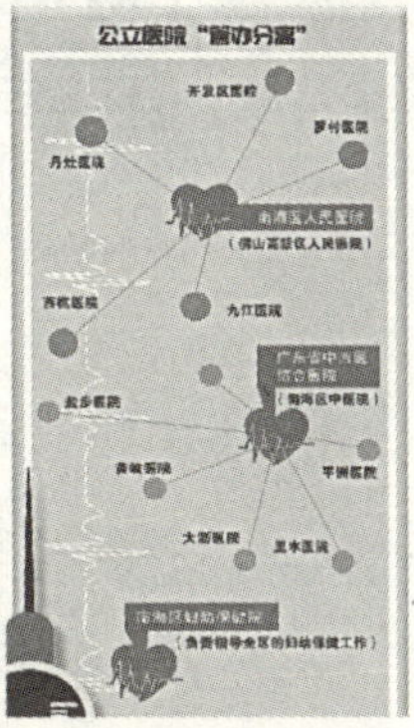


■推导性图表

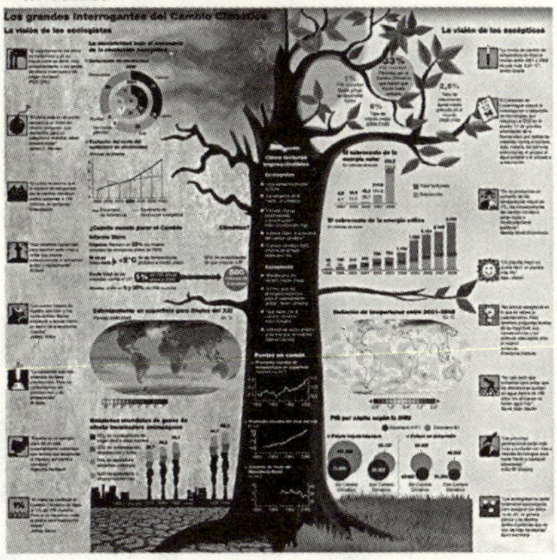

## 信息图形的传播优势

### 1. 简明直观

在信息无处不在的全媒体时代，读者对纸媒的阅读方式为选择性扫描阅读。图形就是更适合扫读的视觉形式，图形化的信息直观形象，瞬间可以识别，图形的阅读速度和传达效率均明显强于文字，是比文字更易识别和记忆的信息传播形式。

信息图形能使繁琐的数据信息变得更简单易懂。

信息图形能使杂乱的数据信息变得更条理清晰、层次分明。

信息图形能使分散的数据信息变得更集中、更全面。

日本有一个关于“表达方式与记忆效果的实验”证明了通过图形传达的比通过文字传达的信息高近 1 倍的记忆率。

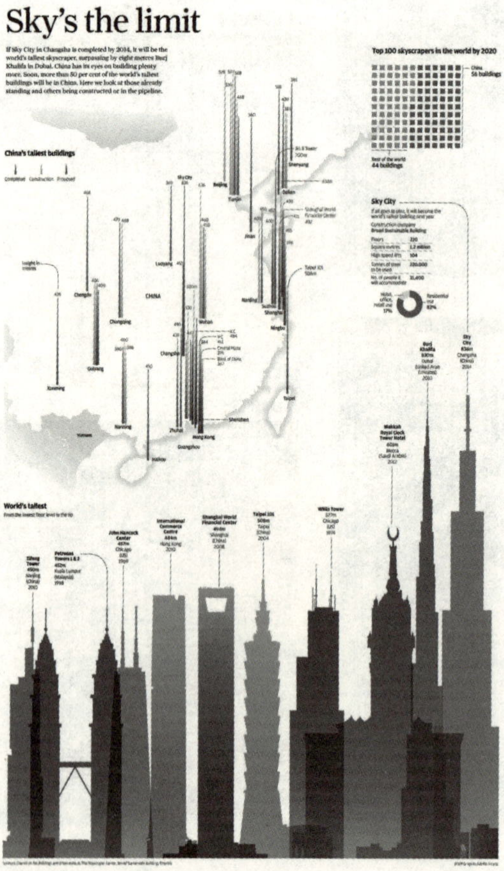

2. 生动悦读

图形是版面吸引阅读的首要因素，图形化信息能化枯燥文字为轻松悦读的图形，图形的阅读吸引力远强于文字。生动的图形更具情绪感染力，更易引发情感认同。

3. 准确可信

视觉形式的事实展示比文字形式的陈述更具说服力，更不易误读。

1+1 ＞ 2：信息设计有时会展示出很多数据间的内在隐形联系，这些隐性信息可以让用户进行更深层次的思考，让设计结果显得充实、有说服力。

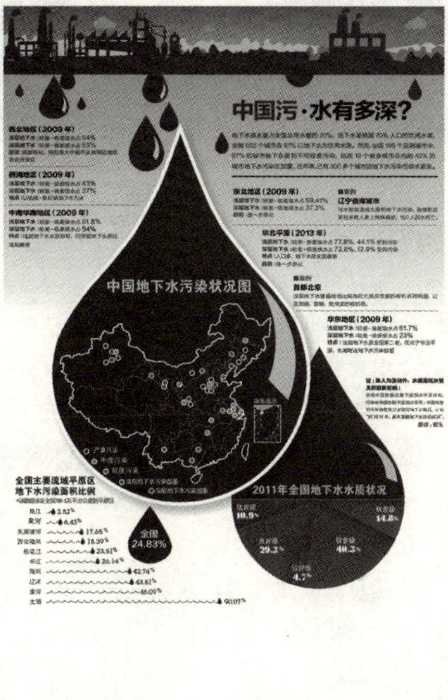

4. 通用易识

图形，尤其是日常标识性图标是具有世界性的跨越地域语言，能被不同层次的读者广泛地阅读理解。

美军进攻态势地图

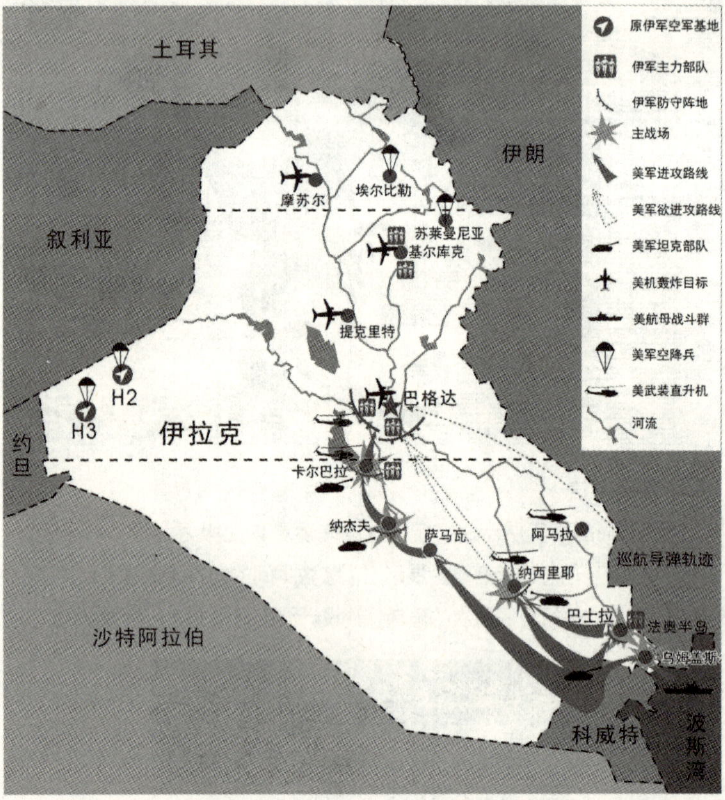


## 信息图形的设计原则

1. 简明易懂——更有效的信息传达

信息图形设计以信息有效传达为根本目的，简明易懂就是图形设计最基本的要求，信息图形要让受众一眼就看出他要所传达给受众的主要信息是什么。为了达到这一目的，信息设计师必须“删繁就简”，对信息进行归纳梳理，找出最重要的信息数据，采用最清晰明了、易于理解的视觉呈现方式来传达给受众特定的信息。

为了保证最重要信息的有效传达，在视觉设计上，信息图形要力求简洁。如：少用立体、浮雕、渐变、投影等单纯视觉美化特效；避免在图形中堆砌各种无关紧要的视觉元素，以防止信息被无用的图形装饰所淹没；不要使用底纹、背景画铺垫在数据文字底下，这样会影响文字数据的阅读；不滥用色彩，不能因杂乱的色彩而使得信息数据更为复杂。归根到底就是力求做到“增一分嫌多，去一点则少”的极简境界。

2. 直观生动——更有趣的信息传达

运用直观的图形设计可以使文字数据层次清晰、重点突出，生动精美的图形还能吸引读者注意力，使枯燥无味的信息变得更有趣，更悦读。

例如《今日美国》开创性的气象图设计综合地运用了颜色、地图、表格、符号以及注释，将一直以来都异常枯燥并且常常难以看懂的气象信息变得非常有趣且易于理解。

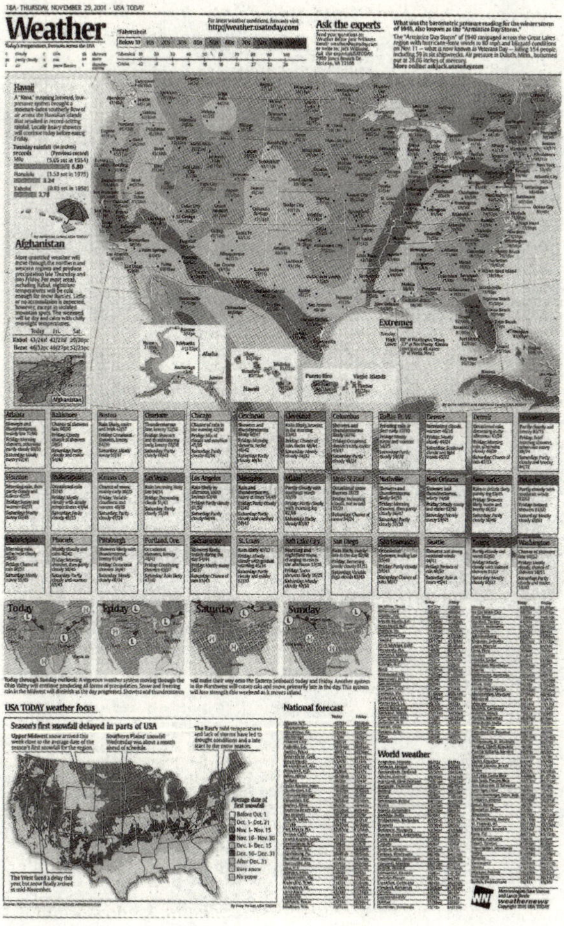

### 3. 意味深长——更智慧的信息传达

简单的图解式图形设计低估了读者的阅读能力。智慧型的信息图形设计，可以通过精心梳理选择数据信息和适合的图形表现，将数据中不易发现的深层内涵明晰化，传达出更多文字难以传达的重要信息；还能用视觉化的逻辑推理展示，启发读者思考，让人们易于理解、接受信息中蕴含的观点或结论。

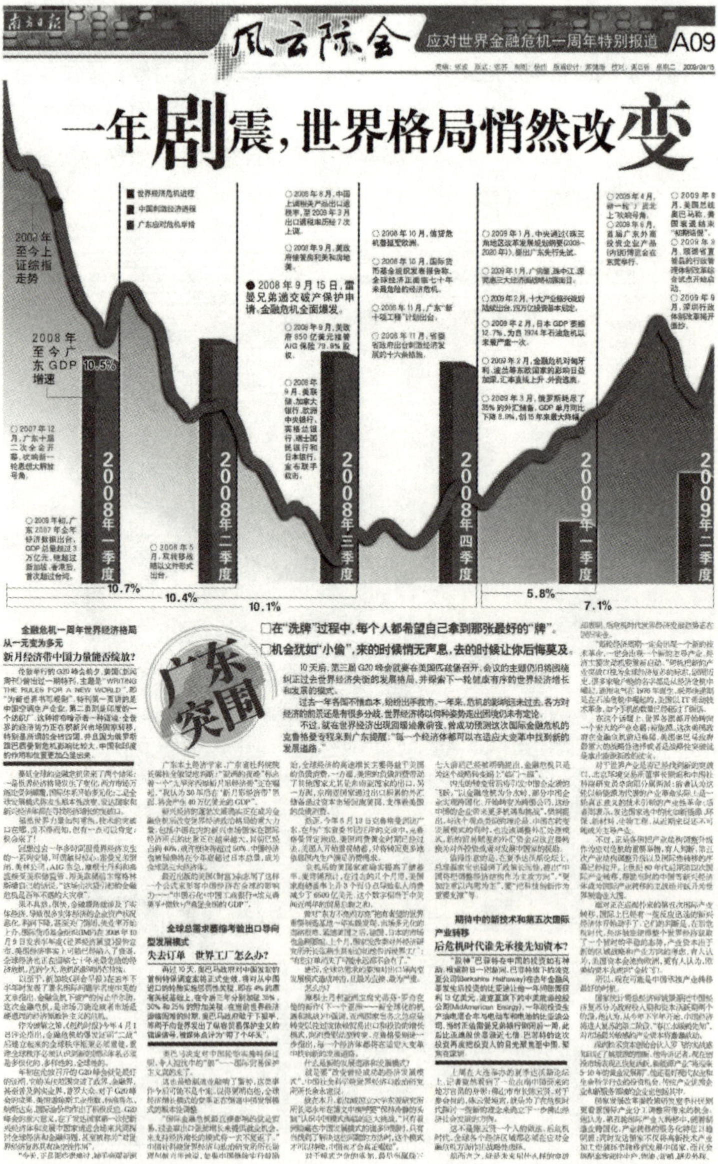
南方日报 风云际会 应对世界金融危机一周年特别报道 A09

# 一年剧震，世界格局悄然改变



金融危机一周年世界经济格局

从一元变为多元

新月经济带中国力量能否绽放？

广东突围

□在"洗牌"过程中，每个人都希望自己拿到那张最好的"牌"。

□机会犹如"小偷"，来的时候悄无声息，去的时候让你后悔莫及。

10天后，第三届G20峰会就要在美国匹兹堡召开。会议的主题仍旧将围绕纠正过去世界经济失衡的发展格局，并探索下一轮健康有序的世界经济增长和发展的模式。

过去一年各国不惜血本，纷纷出手救市。一年来，危机的影响还未过去，各方对经济的前景还是有很多分歧，世界经济将以何种姿势走出困境仍未有定论。

不过，就在世界经济出现回暖迹象前夜，曾成功预测这次国际金融危机的克鲁格曼专程来到广东提醒："每一个经济体都可以在适应大变革中找到新的发展道路。"

## 信息图形的设计误区

**1. 喧宾夺主——信息的要点没抓住或没突出，视觉形式强于信息内容**

信息图形设计以信息有效传达为目的，图形设计的发挥前提是更有效的信息传播。运用的所有图形元素都不是以装饰为目的，而是能让信息层次更明了，让新闻亮点更突出。

**2. 张冠李戴——信息的逻辑关系与图形结构呈现不相符**

信息图形化好坏首要的判断标准是：信息传达是否准确，数据逻辑是否清晰。

如果没有研究清信息的逻辑层次结构关系，没有找到正确对应的图形表现模式，再精美的图形设计也无法准确有效地突出信息，反而会造成阅读困扰。

在许多图表、略图和分析地图上，各类要素代表了数量，还需要注意图形比例与信息数据要准确对应，以避免数据与图形的误差造成读者的信息误读。

**3. 画蛇添足——过于求全导致信息繁重混乱**

1+1 ≠ 2：信息的多少和信息传达有效性并不成正比，过多非必要的信息和过于精准的表现有时反而不利于真正有价值信息的有效传达。简单无序的数据堆列不仅不能加强信息传递的效果，还会减弱所要传递的信息量和有效性。

信息图形设计中，更需要的是做减法而不是加法。

## 信息图形的设计流程

**1. 将复杂的文字信息准确转化为简明的信息图形的几个步骤：**

**理解新闻——阅读找出信息的要点**

**数据收集——收集必要的信息数据**

**逻辑分析——清晰信息的逻辑关系**

**图形表现——设计合适的图形载体**

**版面编排——版面图文的融洽组合**

**审阅校对——保证信息的准确表达**

2. 信息图形设计团队的合作与分工

（1）提前介入、深度沟通

视觉编辑最重要的工作就是发掘文字信息图形化的可能性，并以适当的图形设计展现出来，因此，图形设计人员必须提前参与新闻的策划采写，认真阅读全面了解新闻，第一时间与记者编辑深入交流、研究，明确信息的重点及适合的图形表现。

（2）能力互补、合作无间

我们需要有视觉意识的责编、有版面意识的记者，有新闻理解力的美编。



（3）视觉优先、内容为王

图形是报纸版面中最具阅读吸引力的设计元素，也是决定报纸版面形式的第一因素，版面设计必须以“视觉体验优先”为原则，充分尊重图片的完整性和版面的视觉效果要求，让图片、制图、插图巧妙地融入设计，让版面更生动更吸引人。

美国主流报纸均以“视觉优先”为版面编排原则，要求采编人员都要具有“视觉敏感”，其版面设计程序是先选好图定下位置再考虑文稿的安排，往往图片选择的过程就决定了新闻的取舍。“信息图形化意识”也改变了编辑们组织报道的思维方式，《今日美国》的编辑经常告诉记者：“遇到一个新闻事件，你必须问自己：什么才是传递这一信息的最佳方式？是否应用示意图来表示？是否应列成表格？”

但最终，所有的视觉设计都是为传达信息内容服务的，视觉优先的目的就是更好地实现内容为王。

## 南方日报的信息图形化设计

10月23日，南方日报进行的第十次改版中，最重要的视觉优化就是以更高品质的图形设计提升信息的有效阅读率。

我们强化学习培训，大力提高信息图形化的设计水准；我们设置专业岗位，重新梳理优化设计制作流程，以确保图形设计的人力与时间。

我们充分尊重“读者阅读体验”，充分尊重图片的完整性和版面的视觉效果要求，大量增加信息图形的运用设计，并要求信息图形要与文字巧妙融合编排设计，使版面更生动有趣。

我们力求让信息更直观易读、生动悦读：要求美编主动挖掘文字中可图形化的信息，能用图形表达的，就使用图形元素来表达，精心绘制设计好每一个图表、插图，让精品稿件更突出，让新闻亮点更清晰，让读者阅读更愉悦。

（作者系南方日报版式总监）

# 透过图像力量让新闻更有趣

□张浩

张浩



中国报纸上的新闻图表在多年前早已有之，只是呈现方式比较简单粗放。对于新闻中数据图表的呈现，大多是简单的数字表格，即使比较讲点形式感的媒体就用 Excel 生成个条形图或饼状图。后来随着报纸版面设计理念的进步，图表在版面中的地位也随之显得重要起来。这其中，新华社比较早的开通了图表漫画专线，国内的一些新锐报纸也开始有了专门的新闻图表设计人员。

## 一、新闻图表的发展历程

现代意义上的新闻图表在 20 世纪 80 年代才开始出现。这里不得不提到的媒体是《今日美国》，这家报纸 1982 年创刊后不久就引发了一场以新闻图表为核心的视觉变革。《今日美国》每天的头版和几乎每一叠的封面版上，都会有一个彩色信息插图栏目：信息快读（SNAPSHOT）。彩色图表、示意图、新闻地图占据了版面的重要位置。《今日美国》首创的使用整版彩色图表制作天气预报的模式至今仍被全球报纸所效仿。这种能够瞬间传递大量信息的做法，很快就在美国流行起来。《纽约时报》迅速跟进，开始在版面中刊登图表；《时代》周刊则进一步采用纽豪斯设计学院的理念，制作出精美绝伦的图表。

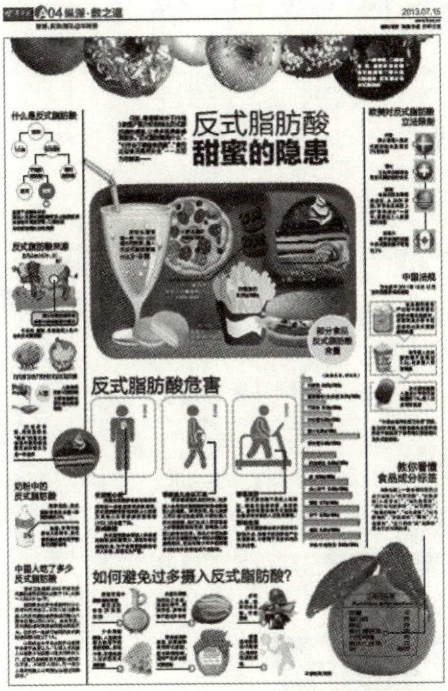


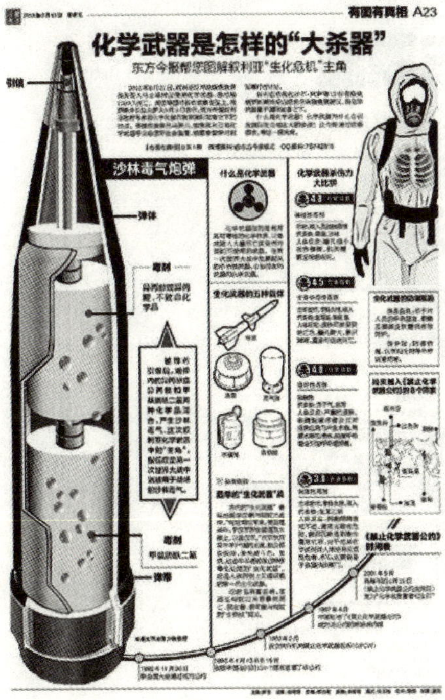


如今在美国报界，设计制图部门已经十分普遍。设计编辑会提前介入新闻的采访环节，根据采访计划准备图形素材，并建议记者注意采集哪些数据，以便后期制作新闻图表等。由此可见，设计人员在报纸中的地位越来越高，以至于有人戏称，一个人要想在报业有所发展，“要么能得普利策奖，要么懂一点图形设计”。

在国内，新华社较早地开通了图表漫画专线，为中国报纸提供了很多优秀的图表作品。但这种统一形式、方块排列的图表有时候无法满足版面多样化的需求，一些新锐的报纸开始了自己建立图表团队的尝试。因为现代报纸版面需要让新闻图表在符合报道要求的同时，力求达到最佳的视觉效果，并通过图形的合理排布，使读者有新鲜感，产生继续阅读的欲望。

20 世纪 90 年代中后期是中国新闻图表的发展期。《经济观察报》、《21 世纪经济报道》等财经类报纸开始大量地配发图表；新华社也成立了专门的图表制作团队——图表新闻编辑室。

进入 2000 年以后，《南方周末》开始引入新闻制图，并运用到诸多深度报道之中。当时以《东方早报》、《重庆时报》为代表的新锐报纸也开始配备专门的制图人员。专业的图片交易网站 CFP 也开始设立图表频道，开始了图表销售。国内纸媒视觉设计专业平台——美编之家网，在 2005 年也设立了新闻图表设计频道。此后，新闻图表在中国报业开始发挥着越来越重要的作用，版面上三维制图、手绘图表等在重大新闻事件报道中开始崭露头脚。

## 二、新闻图表在国内报业的新方向

2010年以后，国内报业新闻图表得到了进一步发展，制图人员在国内主流报纸已成标配。越来越多的报纸开始使用图形化的方式来解读新闻信息。

2013年成为各报信息制图激烈竞争比拼的一年，优秀制图层出不穷。纵观全国，很多报纸在信息制图上都迈出了一大步，有的报纸甚至直接让信息制图占据了整个封面，让读者耳目一新。



《京华时报》在2013年两会新闻的图表制作上做了很多有益的尝试。例如2013年3月11日的封面：为配合国务院机构改革《撤铁道部 拆三职能》的内容，制作了信息图表，详尽地向读者阐释了国务院机构调整的

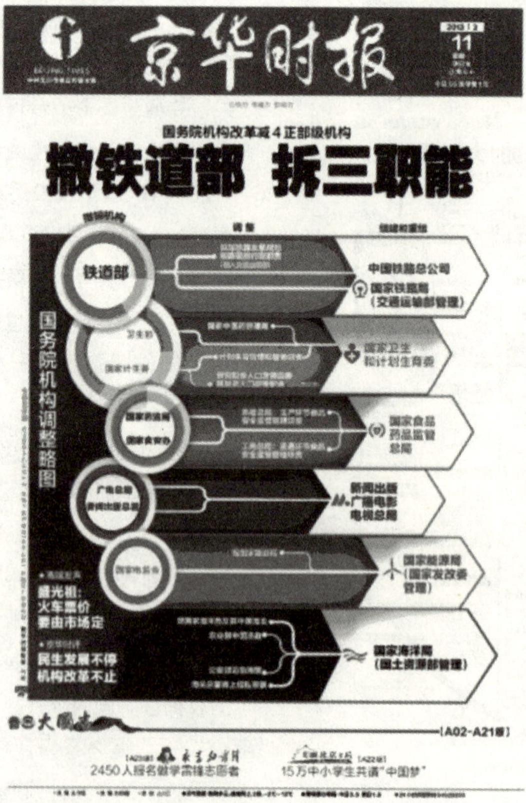
京华时报

11

国务院机构改革减4正部级机构

撤铁道部 拆三职能

国务院机构调整路图

铁道部

中国铁路总公司

国家铁路局（交通运输部管理）

国家卫生和计划生育委

国家食品药品监督总局

新闻出版广播电影电视总局

国家能源局（国家发改委管理）

国家海洋局（国土资源部管理）

火车票价要由市场定

民生发展不停 机构改革不止

大国志

[A02-A21版]

2450人报名做学雷锋志愿者

15万中小学生共谱"中国梦"

2013.9.9 星期一 B8
图视绘

再不混动，地球就老了



方向，让读者更深入地了解新闻信息，并且当天京华以近10个版幅的内页刊登制图，阐释和解读两会新闻。精致优秀的图表给报纸增添了新的活力，让读者大饱眼福的同时也更深入了解当日新闻的主旨。这组图表在微博上做了展示之后，全国同行纷纷转发，这也大大推广传播了报社的知名度及影响力。

由此可见，新闻图表作为一种传递新闻信息、解读新闻的方法越来越受到读者青睐，可以看出信息图表解析资讯数据的年代已然来临 。

越来越多的报纸看中了新闻图表这一领域的发展空间，纷纷增加信息图表的呈现力度，各自推出了图表专版，也努力使之成为报纸新闻的有益补充。如《钱江晚报》每周推出的“图视绘”专版、《京华时报》的“京华图解”专版、《新京报》的“新图纸”专版,《华商报》的“数之道”专版、《东方今报》的“有图有真相”专版、《烟台晚报》的“海国图志”大型图表策划等等都是一种制图创新的延续和发展。

我们也可喜地看到报纸美编岗位近年来越来越受到重视,《钱江晚报》的“图视绘”便是由视觉中心负责的版面，也就是说，从新闻选题到采访、信息制图、文字编辑、版式设计，都是由美编独立完成。

这样的操作，突破了传统意义上的美编职能，在设计基础上还要再挖掘和呈现深层次的新闻内涵，这也促进了美编从单一的设计职能向复合型的视觉编辑的转型。在这个人们对文字越来越缺乏耐心的时代，这样的尝试实际就是“用精准的数据，细致的图示彰显科学之美”。

近两年随着大数据（Big data）概念的流行，新闻图表的延伸概念“信息制图”更被新兴媒体所重视，“数据可视化”成为 IT 界和媒体界的一个流行词。与 IT 技术相结合，越来越多的动态信息图表也开始在各大门户网站上开始出现。



可以预想，随着报业转型之路的开始，传统报纸向全媒体方向进军之后，新闻图表定将迎来新一轮发展的曙光。将来报业集团可能会面临着整合设立全媒体图表设计中心，供图给旗下不同媒体的崭新局面。也就是说对于同一个新闻事件制作不同图表形式，输送给不同的媒介：平面图表供给纸媒使用，动态图表可以交给网站和移动客户端使用。更进一步的发展则是整合技术资源，让程序员和设计师共同来制作互动式图表，给全媒体的读者提供更好玩的互动式阅读体验。

（作者系中国美编之家网创办人、东莞日报社编委兼视觉总监）

**参考文献：**

1.（日）木村博之：《图解力》，人民邮电出版社，2013 年。

2.（美）蒂姆·哈罗尔：《报刊装帧设计手册》，世界图书出版公司，2011 年。

3. 甘险峰：《新闻图片与报纸编辑》，福建人民出版社，2008 年。

4. 美编之家网新闻图表设计频道 http://www.aehome.cn/forum.php?mod=forumdisplay&fid=17

5. 陈淡宁：《“图视绘”的炫图，您拿走吧》，《钱江晚报》2012 年 10 月 24 日 A10 版。

6. 郑兴东、陈仁风、蔡雯：《报纸编辑学教程》，中国人民大学出版社，2011 年。

7. 马飞、夏莹、沈闰州：《精确的视觉——对比之图表的运用》，《影响》电子杂志 2005 年第 2 期。

# 南都一期“数读”作品的诞生

□邹莹

邹莹



用“一期”来作为数读作品的量词，再合适不过。“数读”，非一篇稿件，非一组数据，非一张图形，而是用美学可视化的方式，追求那些隐藏于海量数据之中的意义和真相。它是思维的联动，超越“一篇＋一组＋一张”，用数据讲故事，逻辑分析是骨架，美术设计是外衣，实现新闻增值、新闻再生，并输出结论，则是内心。

在大数据叙事的背景下，南方都市报佛山新闻部于 2012 年 5 月首开“数读”版。以每周一至两期的频率，每期一至两个版的篇幅，迄今见报百余期。并辅以微博、微信传播，使读者在更直观的新闻可视化表达中，透过数据读懂城市。

## 数据叙事，以小见大

有人认为，数读，即是将新闻中的数据，由文字形式变成图形。此观点有些“囫囵吐枣”。

在采编一年多的尝试中，我们将数据新闻的发展归纳为三个阶段：第一阶段即上面所述，数据直接进行图示化转换，目前常见于民调、排行榜、调研报告类新闻的编辑手法。这类作品，虽在呈现上变得美观，但价值局限于新闻本身，简单被动，亦有“换汤不换药”之感。

发展到第二阶段，则是我们正在做的“数读”，在一场深度发掘中，数据增值新闻再生。跳出“被发布”的圈子，自己通过数据独立叙事，表达见解。搜寻存在于不同时空的海量数据，并按照各种角度和创意进行深加工，发现数据之间的逻辑关联和真相，感受作者所释放出来的“态度”，使新闻内容实现增值。徐子沛所著《2013：中国如何应对大数据时代的挑战》提到一个有意思的细节，或可观传递更直观说明：“有学者将白宫 200 多年总统洗衣服的记录电子化，然后进行分析，得出了一些新的结论。这些数据，都是地道的小数据。但是小数据只要在纵向上有一定的时间积累，在横向上有细致的记录粒度，再和其他数据整合，就能产生大的价值。”



而第三阶段，或为数据交互化，实时的、动态的、开放的，将数据新闻转化为数据应用产品。该阶段更需跟新媒体嫁接，也将是未来趋势。

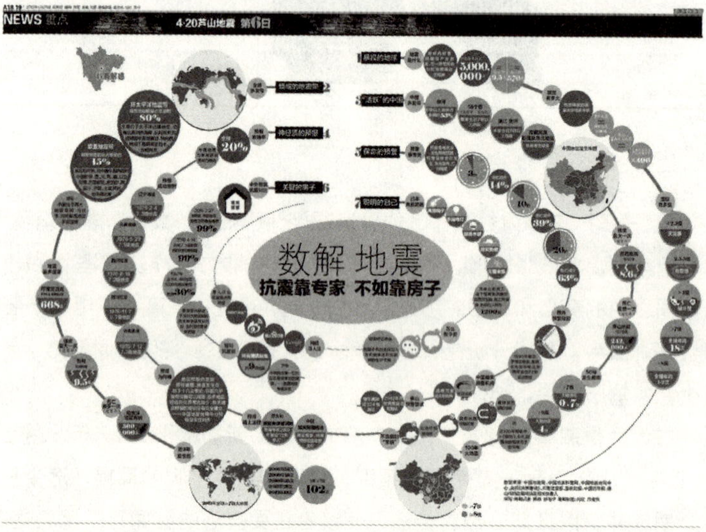


## 见解是灵魂，分析是王道

回到第二阶段，“数读”，如何实现？

见解是灵魂，这是第一步。我们做一系列工作的目的是什么，希望实现哪些“结论”和“增量”，数据千千万，选择哪些入手，即为“见解”。

比如中考季节，教育部门公布加分学生名单。我们想知道，加分的价值有多大，按照录取分数线和择校缴费金额，加 1 分可以帮家长省多少钱；我们还想知道，什么条件最容易获得加分，也想知道，各个城市的加分政策有何不同，本城有无“政策奇葩”。在此主题下，通过搜集本城 5 年数据以及他城政策条款，完成“赢在加分线上”的数读作品。

再如我们想了解城市两位主官的工作方式和关注点，便通过搜集半年，书记和市长的公开行踪，加以统计分析。没有妄自总结，数据最真实。原来，市长最喜欢实地调研，公开活动 73 次，其中两成是在看现场；原来，书记参加的公开活动中，跟经济产业相关的最多，可窥工作重心。

有了方向，才有方法。

分析是王道，这是第二步。数据背后是有故事的，数据之间是有逻辑的，数据是多源的。我们要做的就是找到，融汇。操作过程可以先从采集数据入手，继而储存数据，分析数据，理解数据，运用数据。分析方法，则包括“统计、关联、对比、换算、量化、溯源、发散、综评”等，二次加工是关键。要知道，单一的数据是没有意义的。

比如最常用的“对比法”，可通过横比、纵比、与计划比、与经验比等等模式，找到自己的坐标和数据意义。同一消费品价格，中外横比，可知水平；同一事物，放在时间轴上，看不同时期指标数值，可知变化。我们曾经做过《水浸黑点与排涝能力 佛山 VS 香港》，通过 15 项的一一对应，“近身肉搏”，展现出佛山内涝治理管理水平与先进地区的差距。我们还纵比过本城 5 年的政府工作报告，通过词频的变化，发现每年政府工作重心的变化。比如“建设”一词一直坚挺，在 5 年报告中，每年出现的频率都最高，而“创新”一词渐渐上位。这就让新闻得到拓展。

再如“换算和量化法”，可让晦涩的事物变得亲切可感知。亚马逊的

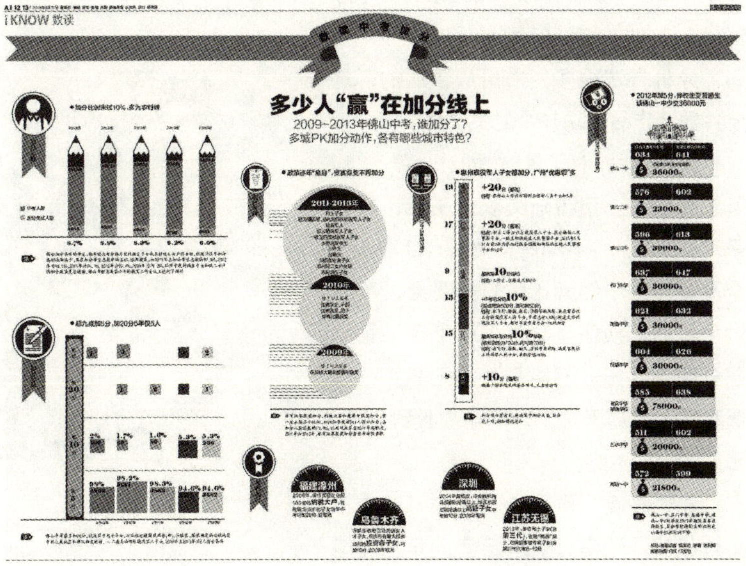

每月访客量有多大？8000万，数字大到让人“无感”。这时就需要用平时熟悉的物件去替代，迪斯尼大家熟吧，8000万人，相当于填满60个迪斯尼乐园。在用电新规执行时，260度电，成为一个限值。260度，是什么概念呢？我们做了《260度电能干嘛》这期数读，即用换算法，通过不同家电的用电量，来理解260度电。原来，260度电能让400瓦的洗衣机转650个小时，若是每次洗半小时，可使用1300次。数据从而变得不再陌生。

“统计法”在数据分析中，也是一枚利器。通过对批量事件的统计，可得出某些特征或规律。凯迪网的舆情报告，通过统计新闻事件出现的频率，得出2012年5大事件集，包括“薄王系列”、“钓鱼岛争端”等。其中，“薄王系列”在365天里，持续了239天，2–9月最盛。这样的角度，颇有意味。我们曾对本城650个政务微博进行统计，庞大的工程，但得出“65%的官微一天说不到一句话”如此结论，十分值得。这句结论就是南都新闻。

分析方法很多，采用最合适的，是一件数读作品成功与否的关键点。

分析之后，有了骨肉，即进入第三步，可视化表达。用清晰美观的图示，传递采编思路输入结论。在美术设计上，有3个基本原则：阅读比炫技更重要，不能过度设计，损伤了数据的清晰度；重点部分明确突出，不能无主次无焦点，满版乱飞；生动不可少，要让人看到乐趣，否则读者不买账。

在“数读”作品中，或许可以这样定位编辑、记者、美编三者的角色。编

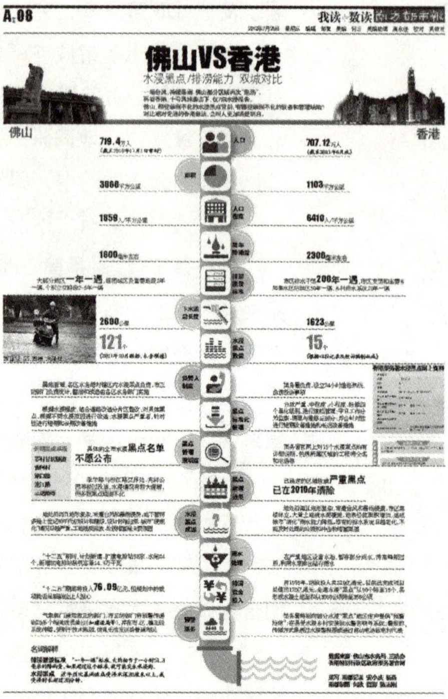


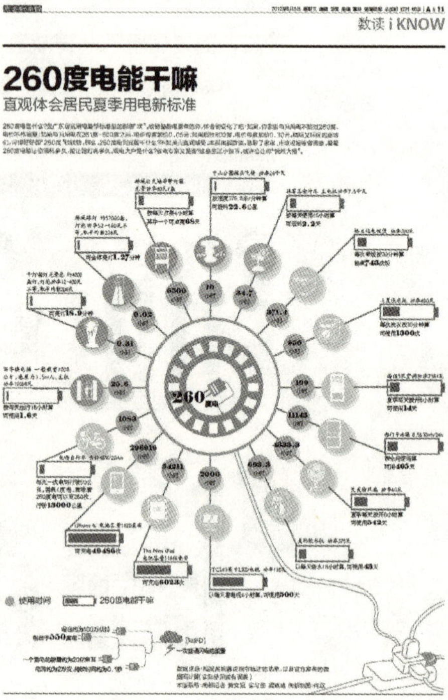

辑主导，视角、逻辑、节奏；记者根基，采访、发掘、整理对比；美编表达，精准、创意。每一期作品都需丰富的数据支撑，不然，再好的形式也是装模作样。唯三剑齐发才生成妙招。

## 深挖城市生态，助力纸媒

数读，这种在文字和图片之外的第三种新闻生产方式，已然越来越重要，越来越常见。

虽最先发迹于网络，但或可借助传统媒体的优势，在纸媒生长壮大，为网媒所不能。

目前网络媒体的数据新闻多为独立作品，无论是搜狐的“数字之道”、还是新浪的“图解新闻”等，多是在国内外突发或时政新闻发生后，对此做的进一步延伸和解析。有“打一枪换一个地方”之遗憾，重复性和可复制性比较多。而通过发掘数据，深挖城市生态、政治生态，则是纸媒可着力之处。由此而生的每一个数据和数据集，都将成为纸媒独有的资源储备。

比如南都东莞读本对 32 个镇街预决算、财政结余的统计盘点，以及对镇街官员生态、入仕升迁路径的搜集，每一次数据发掘，都是一次自有积累。

我们南都佛山读本则在今年 8 月推出《城市观察报告》，开小口、深深挖，对 2013 年上半年“政情”、“社情”、“经济”三方面进行数读报道。除了前面所述归纳政要行踪、分析政府官微，还通过半年案例摆事实，建

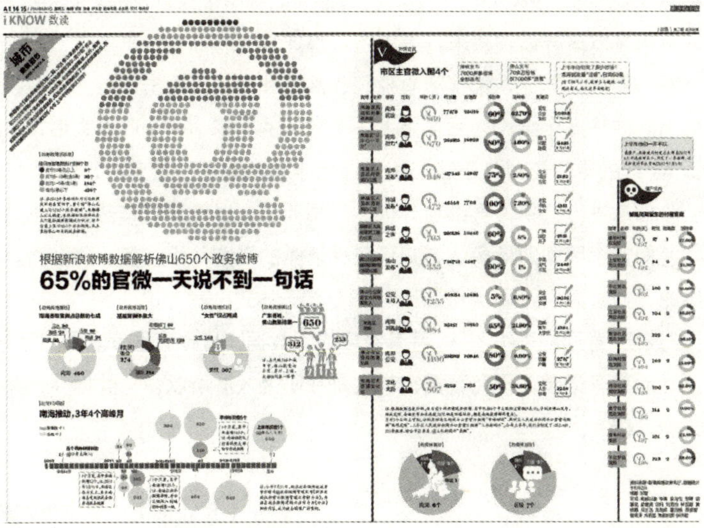

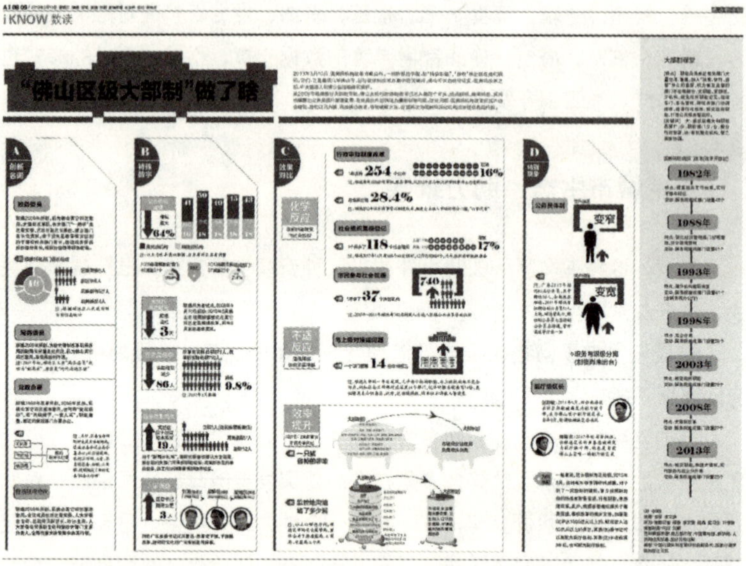
i KNOW 数读

“佛山区级大部制”做了啥

立“首次公开表态的时间”等指标项，综评政府部门面对突发事件的应急速度和处理能力；并整理部门官网资讯数据，探寻政府部门信息公开程度。如受关注度较高的财政信息和食品抽检通报，整理发现，半年所公开的数据，多是个位数，“0”一大把；经济产业方面，则对105项省重点工程进行分析，告诉读者目前地面上的工程有哪些，投资有多少，进展到哪一步，哪个区域最繁忙……这些数据，平时都深藏不露，也零碎易忘，但二次开发重装重组后，就成了有南都态度的新产品，同时对当地多方面做出还原。定期定点，形成系列、建立指标、打造品牌，可持续经营发展。你会发现，原来城市可以这样读。将来，城市还可那样读……

每一期数读作品，都伴随着抓狂、豁然和愉悦。冲击了脑力，亦挑战了体力。往往一个结论之后，是上千个数据的支撑；一个版面之后，是十余页A4纸的原始资料。当我们想知道上半年政府采购重点时，便对1000项公告信息进行打捞，再细项分析，可想而知，过程繁复辛苦。但不这样做，怎知哪个区采购最多，怎知环卫保洁类的采购，那么多，那么贵。看到结论，顿时快乐。

“数读”背后的采编团队，是有温度的。数据同样也有温度。雁过留痕，人类活动都有记录，研究数据，其实是在研究人。所以，与数据斗，亦其乐无穷。

（作者系南方都市报编辑）

# 《中国日报》对新闻事件的视觉化报道

□田驰

田驰



当前中国报纸需要更多的新闻设计，而不是美术设计，根据我多年的从业经验以及与众多国内外同行的交流发现，最大的不同体现在对新闻设计师的定义和认知上。在中国，第一看重的是应聘者是否具有美术相关专业背景，并将其作为该职位招聘的第一标准。而在国外，优秀的版面设计师都是新闻专业出身，他们在新闻专业学习的过程中，对版面设计感兴趣，从而偏重于新闻学中的设计方向，至于美术功底则大都都是在工作中或利用业余时间自学而成的。因为有系统的新闻理论和素养支撑，他们的设计都是符合各自媒体特性和新闻原则的，一般不会出现为了设计而设计、为了设计而改变新闻事实的问题。在西方，当你称赞新闻设计师是 Artist（艺术家）的时候，他们都会纠正说："不，我是 Journalist（记者或新闻从业人员）"。可见他们永远是把新闻放在第一位的。

《中国日报》作为国内最大的英文报系，常年与西方媒体打交道，对世界最新的新闻设计潮流有先天的敏感性，在借鉴和学习方面也有语言的优势。2010 年，为进一步提升国际传播能力，《中国日报》在强化内容建设的同时，积极学习借鉴国际流行元素，不断优化设计理念、完善视觉传播效果，当年 3 月实施了 1981 年创刊以来最大规模的改扩版，启用了新报头和标识，运用世界报业最前沿的设计元素，整合图片、图表、漫画、插图和版样等，有效地提升了国际传播能力。

中国日报近年来在新闻设计上取得的成功和成绩，首先来自观念的转变和对设计的全面重视。首先，报社确立了“视觉先行”的报道理念，对重大新闻报道建立了缜密的策划机制，社领导亲自主持选题策划会，在会上对重要报道形成设计思路，提出对图表、照片或插画的需求，会后由设计中心初步形成设计方案，根据部门人员的特长进行任务分配，合力完成，真正做到视觉先行。在遇到重大报道时，报社各部门联动起来，采编部门会指派专人与设计中心对接，一起讨论创意，协助做好图表的专业数据收集和翻译。最后，版面编辑对设计成果大力支持，对好的设计不吝惜版面，为设计提供最大的发挥空间。



## 经验一：敢于创新 大胆创意

在遇到图片、插画、图表等设计元素不能完全表达文章内容的时候，设计人员可以尝试自己动手实现创意，先向编辑了解文字内容，交换创意想法，然后自己动手并最终完成设计。这是在资源不理想的情况下完成设计的一条新路，《中国日报》FEEDING CHINA（中国粮食生产）的版面在国际上获奖是对这种尝试的最权威的认可，是符合国际设计潮流的。

“FEEDING CHINA”这个版面设计不是从纯粹构思设计开始的，而正是从与文字编辑的沟通开始的。

作为一个以仅占世界7%的土地养活占世界22%的人口的国家，粮食问题对中国甚至世界影响巨大。面对这个大选题，如何在视觉上呈现，对设计来说是个挑战。首先，部门负责人和写稿记者在策划会上详细介绍了文章内容，并在随后的讨论过程中定下了“FEEDING CHINA”这个标题，标题的提前确定对思考创意是很有帮助的，明确了设计方向，清晰了设计思路。为了找到更好的创意，设计师根据内容把相关的名词排列出来，比如：嘴、筷子、碗、小麦、舌头、农民、收获、谷物、地图等，然后寻找他们相互之间的关系，形成不同的组合，最终认为谷物与地图的组合是最可行、最贴合内容的。

在尝试Photoshop合成效果不好的情况下，设计师果断决定用实物摆放，拍摄，从家中拿来各种谷物、豆类，用A3纸打印了一张官方标准的中国地图，按照边界拼出中国地图，然后拍成照片导入电脑修图。

创意新颖是这个作品的最大特点，同时该作品的图文结合也处理得非常巧妙。因为地图的形状不规则，在版面设计时要认真考虑图与文（包括主标题，副标题和正文）的结合，合理的布局保证了视觉的平衡，适当的

IT WAS A VERY GOOD YEAR FOR LONG VOYAGES ... AND FOR FINE WINES P13 >>

sunday CHINA DAILY

中国日报

chinadaily.com.cn

MEETING MARX
RICHARD RETURNS TO CHINA WITH A SERIES OF CONCERTS, NEW STORIES AND NEW SONGS. P15

WORLD VISION
CATHERINE NELSON AND HER FUTURE MEMORIES. P6

FEEDING CHINA

China's autumn harvest surpassed expectations this year, despite a constant battle with droughts, floods and pests. China Daily agriculture reporter Jin Zhu looks at how the world's most populous country makes sure it has enough to eat, and enough to help feed the world.

500 million tons

402 million hectares

sundaytalk

留白为读者提供了阅读的享受和呼吸的空间。

这是一次大胆的尝试，打破了传统的以新闻照片、图表和内容为主的设计模式，自力更生，以全新的视觉冲击为主打，利用创意体现主题。同时，版面在注重活泼的同时也特别兼顾了细节和新闻报道的严肃性，特别是南海地图的处理恰到好处，整体完整、严谨，形象生动地诠释了“FEEDING CHINA”的主题。

要说这个设计好在哪里？首先是明确了要做的设计是新闻设计，而不是艺术设计，合理的创意是内容与设计的有机结合，不能为了设计而设计，从而忽略了新闻的严肃性和真实性。一切呈现在新闻媒体上的创意都要以新闻为准则，以配合内容为基础的。

这个成功的案例说明：

选题很关键。当今“气候、粮食、环境”等都是全球关注的热点，这样有世界角度的选题和有特点的设计，容易吸引更多读者的关注和共鸣。一个好的设计不可能是空中楼阁，必须要有好的新闻选题支撑。

和文字编辑的高效沟通对理顺设计思路大有裨益。

创意设计直观、高度切题、通俗易懂是赢得读者认可的关键。

有时候，适当减少 Photoshop 的技术修饰，用真实物品作为设计基本元素，能够起到让读者眼前一亮的效果。

### 经验二：合理运用图片 完成重大选题的重点设计



《中国日报》历来在照片的选择和使用上，都以独特的视角和大胆的使用闻名，只要照片精彩，从不吝惜版面，配以合理的版面布局，图文结合，将视觉冲击效果最大化。《中国日报》对全国两会、日本海啸、卡扎菲之死、上海世博会等国内外重大新闻事件的版面设计，突破传统头版设计布局，照片使用大胆、灵活，赢得了国内外读者和传媒业界人士的充分认可。

例如，《中国日报》关于国庆 60 周年的通版设计，获得第 20 届中国新闻奖版面设计一等奖—— “Years of planning, months of training,…Day of glory”。

这是一个庆祝国庆 60 周年的通版设计，《中国日报》记者赴国庆阅兵村实地采访，记录了那里的战士们为国庆阅兵所做的努力，说明正是有了他们在平日的刻苦训练才换来国庆当天绚丽绽放的一刻。该版的主标题为：“多年的筹划，多月的训练，只为那一日的绽放”( Years of planning, months of training,…Day of glory )。由小到大的标题字号有效地增强了视觉冲击力，更加突出了“只为那一日的绽放”( DAY OF GLORY )，使整个主题积极向上，振奋人心。

这是一个典型的以照片为主打的版面设计，在整体布局上，为突出展现阅兵村战士们的艰苦训练以及背后的生活点滴，特别使用了一张战士艰苦训练的特写照片作为底图，尤其是突出展现了战士刚毅的表情、坚定的目光和满脸密布的汗水，视觉冲击力较强，增加了版面的整体感，给读者以身临其境的感觉。

读者普遍对这张底图的使用交口称赞，认为战士特写大图不仅吸引眼球，其目光更是整个版面的点睛之笔，引领读者仔细阅读整个版面。

在其他照片的选择和排列上，从细节入手，以图叙事，以情动人，既有集体训练、整齐划一的宏伟场面，又有战士们互相帮助、亲如一家的感人画

PARADECOUNTDOWN

Parade village facts

▶ Army of hearts prepares for Tian'anmen Square showpiece
**Zhu Zhe** reports

**This parade is a chance for me to give something back. I want to leave my footsteps and thankful heart in Tian'anmen Square. My father told me to remember that the entire Wang community was behind me.**

Years of planning, months of training ... DAY OF GLORY

面，从不同角度全面反映了阅兵村战士在国庆阅兵式筹备过程中的酸甜苦辣。版面左侧以黑色为背景，文字主颜色用白色，并使用黄色重点标出了标志性数字，以类似图表的形式言简意赅地反映了阅兵筹备过程中的细节。

从整体效果上看，整个版面图文并重，图片多而不乱，叙事简练生动，吸引力、感染力和视觉冲击力较强。

这个成功的案例说明：

对平凡题材的巧妙使用往往更能感动读者。在选题上，设计者选择了一个与国庆盛典相关的平凡而感人的角度，这个题材和画面的呈现打动了读者。

对好的图片要大胆使用。《中国日报》遇到精彩的照片时都能给足版面，给予最充分的展示，也往往都能够有效地增强视觉效果。

好的设计需要各环节人员的积极参与。本版文字记者在完成文章后，主动提供数字、背景资料配合设计，确保了设计元素的丰富。

## 经验三：发挥信息制图优势，新闻报道手段更加丰富

当今媒体进入一图胜千言的读图时代，《中国日报》紧跟设计潮流，在新闻报道中多次使用整版图表进行报道，深入浅出，以图解文，达到了

很好的新闻传播和视觉传播的效果。

例如，《中国日报》2012 年 11 月 5 日见报的深度报道（6 – 7 版）。

作为“十八大系列报道”的重要篇章，该版面旨在以图表的形式解析中国十年变化，设计者与记者一起从经济、人口、教育、交通等细节一起讨论、分析数据，选出超过 60 组最具说服力的数据，以图形视觉化的形式呈现，使枯燥的数据有了活力，十年巨变有了直观的展现，用一种全新的方式报道和解析了十八大，引发了读者的广泛关注与好评。



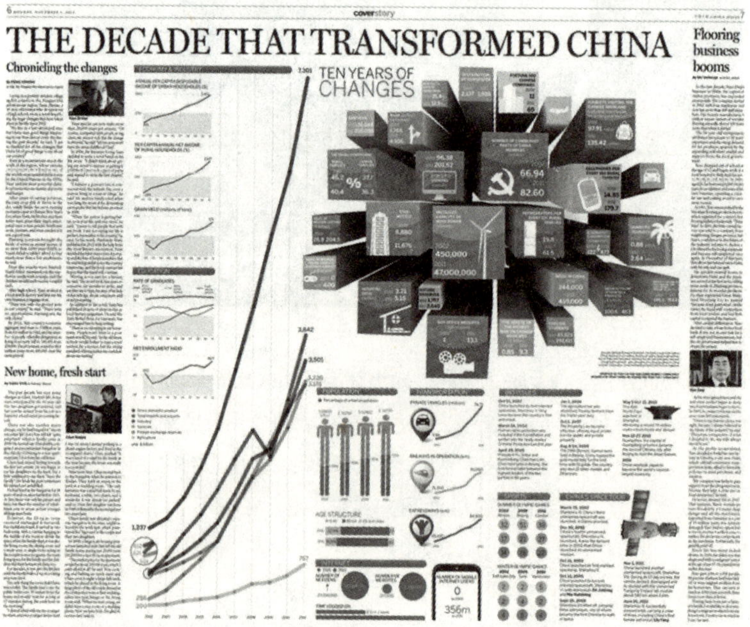
THE DECADE THAT TRANSFORMED CHINA

Chronicling the changes

TEN YEARS OF CHANGES

New home, fresh start

Flooring business booms

这个成功的案例说明：

信息图表在提升报道的专业化水平、传达信息、对比数据方面作用明显。

在版面中灵活运用图表，在图表中灵活运用图片，图表、图片与文字有机融合是新闻设计的主流趋势。

（作者系中国日报版面设计中心设计副总监）

## 附：中国日报最年来新闻设计上取得的成绩

2009 至 2013 年，《中国日报》共获得中国新闻奖版面设计一等奖 2 个，二等奖 1 个，三等奖 3 个。

2012 至 2013 年，三次获得 SND 举办的全球版面设计大赛中“卓越奖（Award of Excellence）”。并在与 300 多份报纸激烈角逐的“世界最佳报纸设计”奖项的评比中，《中国日报》的整体设计跻身世界前 70 名。

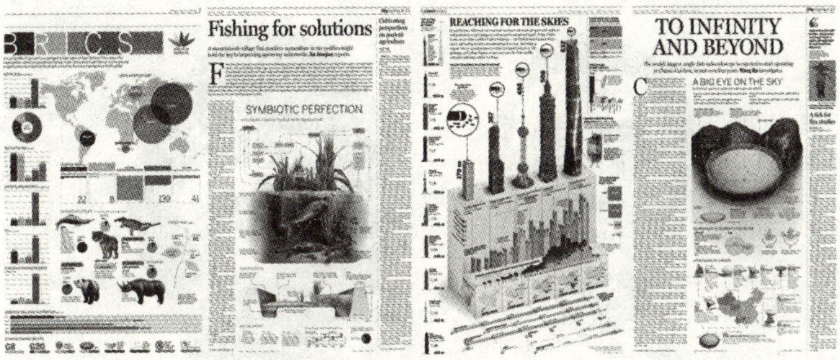

附：中国日报部分版面

# 《新京报·新图纸》：报纸适应新媒体的新法宝

□许英剑 书红

许英剑

书红

面对互联网的海量信息，如何在其中寻找自己最需要的信息以及之间千丝万缕的联系，是读者和编辑需要面对的问题。编辑要对这些信息抽丝剥茧，高度提炼，从而形成编辑思路，和美编一起将信息以最简洁易读的方式呈现给读者。

作为一种视觉报道形式，信息可视化设计比文字报道更直观反映数字对比，新闻事件发生、发展的过程和事物发展的趋势，它相对于文字具有快速、简洁明了、易读易懂的优势，且有化繁为简的功能，因此得到了读者的一致认可。可以说，信息可视化设计是现代报纸适应新媒体时代需要的一个“新法宝”。

《新京报》2012年下半年推出的“新图纸”系列版面，就是在努力尝试将信息可视化，并且取得了一定的实践经验，得到了读者和业内的好评。

## 设计流程

做新图纸版是一项需要群策群力的工作，而且有时是个浩大的工程，需要编辑有高度概括的思路以及清晰的编辑思路，记者尽可能多采集信息，美编需要面对的是整版甚至连版的制图，对构图和细节的要求要比普通制图高很多。同时，从确定主题到版面完成需要比普通版面多花两三倍的时间，这就要求大家提前介入版面的策划设计制作。下面简单介绍一下“新图纸”版的设计过程。

**1. 确定选题**

通常报纸刊登的内容会晚于互联网的碎片化消息，所以报纸需要将新闻深度挖掘以满足读者的需要。

信息可视化是“新图纸”版的一个重要条件。有的新闻虽然是热点，但内容抽象，不容易转化成图形，这样的内容尽量避免制图。信息的完整性是另外一个必要条件。有的新闻信息很少或不完整，巧妇难为无米之炊，如果根据不完整甚至错误的信息来制图，必将误导读者。

所以，编辑和记者就要根据热点新闻，找出其中能够可视化并且信息丰富的新闻来确定版面的选题。

**2. 收集资料**

主题确定以后，就开始了信息搜集工作。清晰的编辑思路更是不可或缺。各方信息经过汇集以后，还要经过初步筛选，有的需通过采访专业人士来补充内容。一些内容是国外的资料，还需要准确翻译出来。

**3. 版面构图**

美编拿到编辑提供的内容，要考虑构图以及文字的排列。这个过程又需要对内容进行适当的增加和删减。这个阶段如果考虑不周，到完成以后再有较大调整或全盘推翻，时间就来不及了。

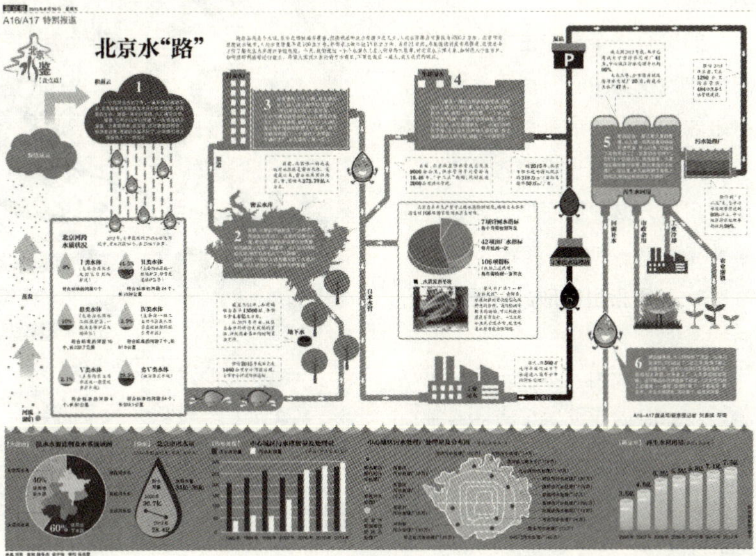


《北京水“路”》：揭示了从水蒸气到污水处理转化成再生水的全过程，拟人化的小水滴生动形象。

### 4. 设计制作

接下来美编就要将文字转化成图形，图形的搜集也是必不可少的。整体效果完成以后还要重视细节的刻画。最后，将制图调上版进行文字的编排和修改，有可能还要根据文字的编排再将制图微调，以达到最佳效果。



## 设计理念

### 1. 坚持“做减法”，力求化繁为简

努力将信息高度概括，提炼出最核心的部分。这其中要对信息进行适当删减，甚至大刀阔斧的调整。一个版面的信息如果太庞杂，最终会导致互相干扰。

### 2. 围绕视觉中心，避免平均用力

如果有一个有冲击力的图片或图形作为视觉中心，能迅速抓住读者眼球。所有的信息都围绕视觉中心展开文字排列也相对容易。如果平均用力，追求面面俱到，往往适得其反，起不到吸引读者的作用。

### 3. 利用指引图形，引导阅读方向

如果找不到一个强有力的视觉中心，就要形成一个指引方向来引导读者一步一步读下去。这对于步骤的解析至关重要，读者顺着图形的方向阅读，大大提高阅读效率。

《地震后的 24 月》：虽然版面上没有大的图形，但用螺旋线作为时间轴构成了整个版面的视觉中心，引导读者阅读。

4. 用色“少而精”，避免两个极端

良好的色彩感觉需要经验的积累，每种色彩要赋予其适当的功能，花哨和单调两个极端都是不可取的。要适当运用对比色和同色系的颜色，为版面加分。

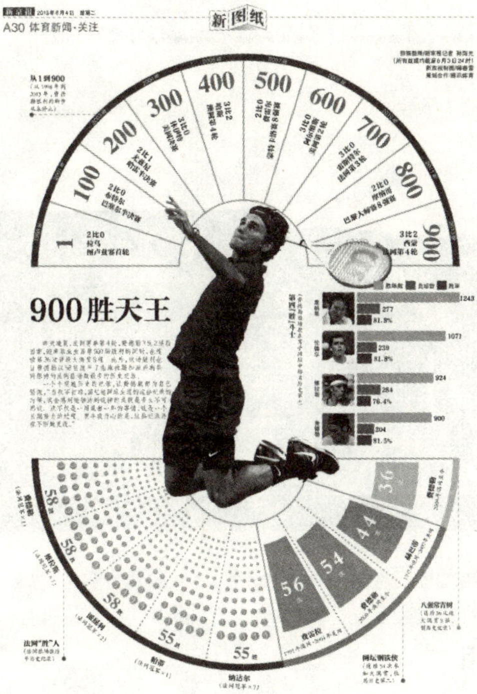


《“堵城”与拥堵费》：每个城市赋予一个特定颜色，充分发挥了色彩的功能，使版面逻辑清晰。

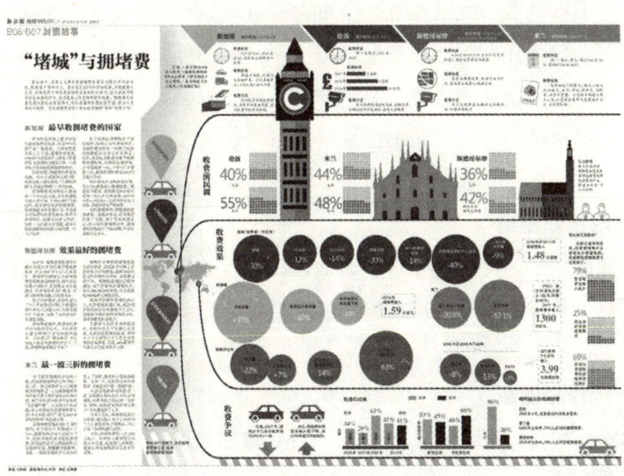


《900胜天王》：虽然只使用同一色系的颜色，但通过点线面的配合，达到了很好的视觉效果。

5. 重视文字标注，确保呼应图形

好的版面离不开文字标注，这体现在每一个细节。如果版面上文字经常出现错位，或者和图形互相干扰，将造成阅读障碍，为版面减分。

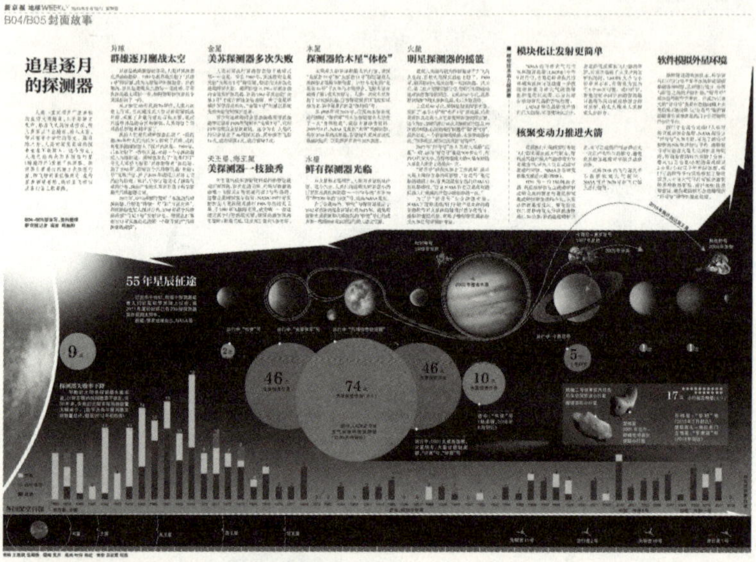


《追星逐月的探测器》：将星球和数据巧妙连接在一起，文字标注严谨考究，一目了然。

## 设计应用

《新京报》自推出“新图纸”版以来，没有局限于新闻版块，而是不断尝试在报纸的各个版块推进，比如时事新闻、体育新闻、经济新闻版块，地球、娱乐、健康周刊等版块都陆续推出了“新图纸”，经过一年的探索，“新图纸”已成为深受读者喜爱的品牌栏目，今年上半年改版时为让读者更悦读还专门提出精心打造“新图纸系”的口号。

1. 时事新图纸

新闻版块的“新图纸”注重时效性和内容的严谨，要求围绕当前热点新闻展开，其中也有一些提前策划的专题报道。

2. 地球新图纸

《地球周刊》的选题包罗万象，力求做到紧贴国际热点，信息丰富，版面活泼有趣。

《读懂美国大选》系列制图：介绍了美国大选的各个阶段，以及美国民主共和两党在经济税收外交等方面不同的执政理念，从不同角度深度解析了美国大选。

### 3. 经济新图纸

经济版面经常要将不同类型的数据图形化，并辅以适当的插图，将抽象的概念形象化。

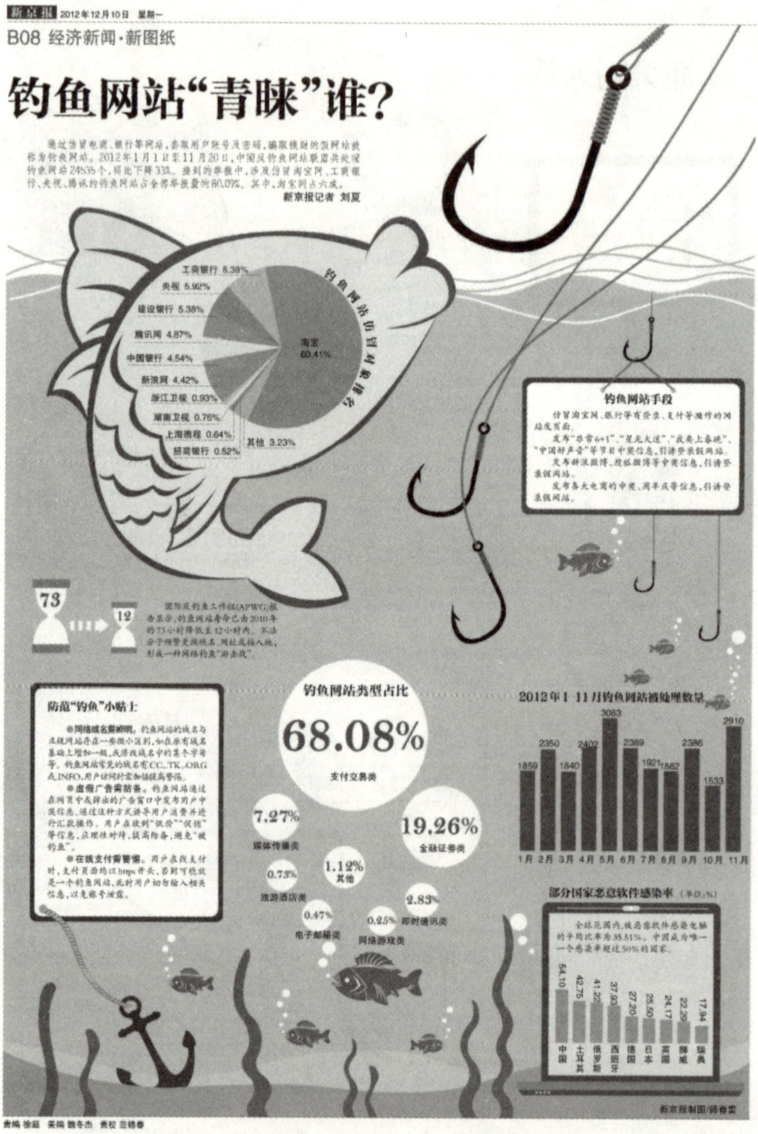


《钓鱼网站“青睐”谁？》：通过鱼钩和鱼的形象，生动地揭示了钓鱼网站的危害。此版获得了2012年度SND全球新闻设计大赛新闻版设计优秀奖。

### 4. 体育新图纸

体育新图纸以体育明星或重点赛事为主，通常以图片为中心，同时也会重视数据分析，深受体育迷的欢迎。

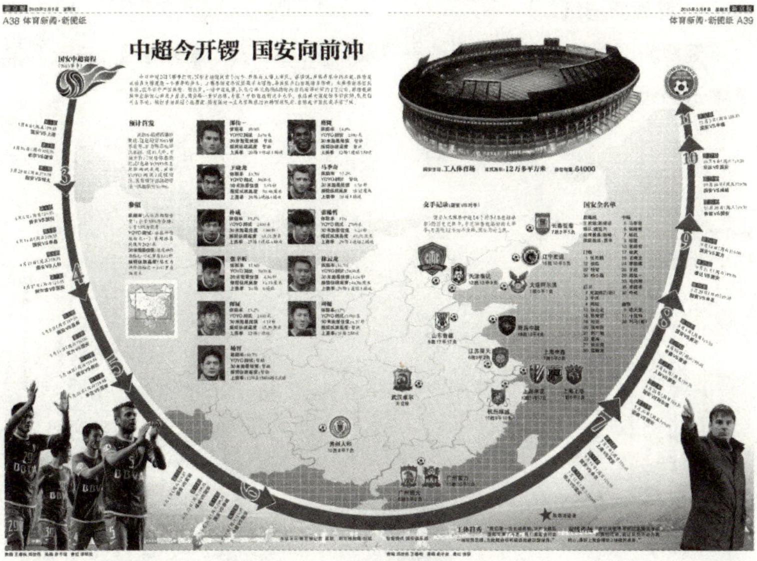


《中超今开锣　国安向前冲》：每块文字都沿着弧线调整角度，和图形互相呼应，使细节无可挑剔。

### 5. 娱乐新图纸

娱乐新图纸通常以演艺明星为主角，内容轻松有趣，通常成为茶余饭后的谈资。

《“名利场”排名游戏》：用明星形象将福布斯公布的世界名人排行榜榜单具体化。

6. 健康新图纸

健康新图纸注重最新医疗成果以及日常生活中的健康问题，在普及健康常识中起到了很好的效果。

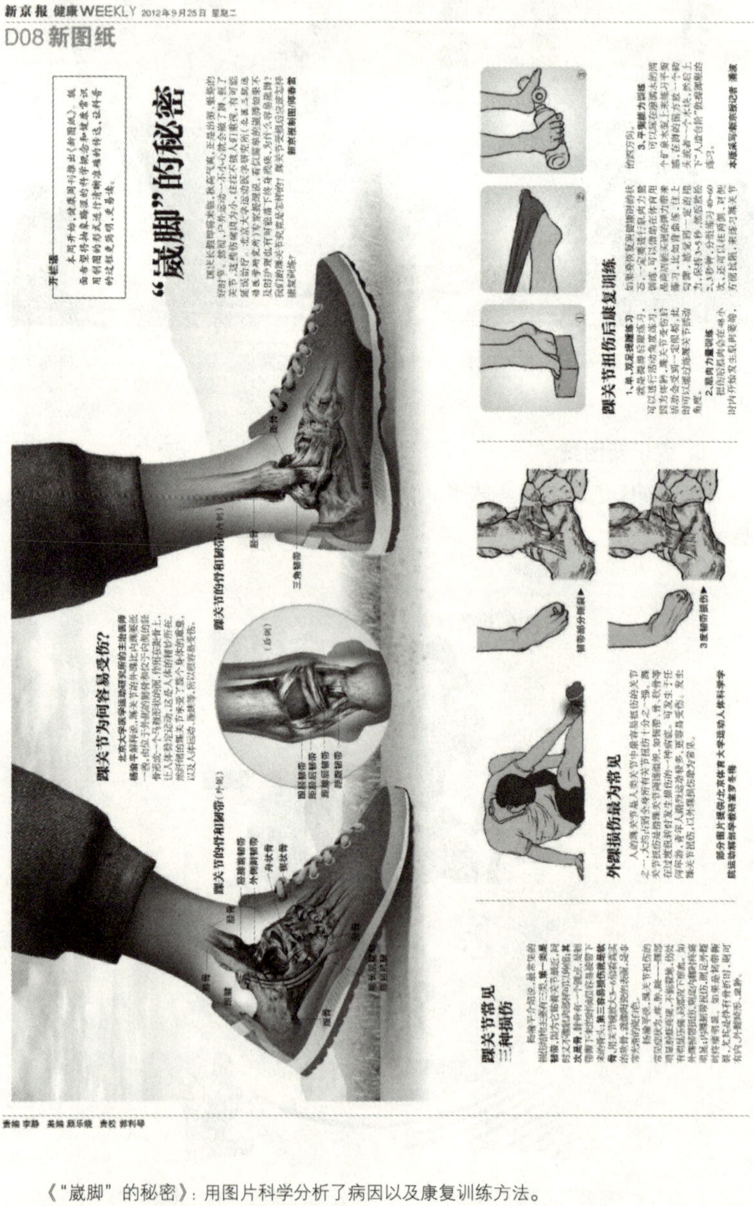
新京报 健康WEEKLY 2012年9月25日 星期二

D08 新图纸

“崴脚”的秘密

踝关节为何容易受伤?

踝关节常见三种损伤

外踝损伤最为常见

踝关节扭伤后康复训练

责编 李静 美编 顾乐晓 责校 郭利琴

《“崴脚”的秘密》：用图片科学分析了病因以及康复训练方法。

### 7. 家居新图纸

家居新图纸关注了人们在装修和购买家具中经常遇到的问题，以及最新智能化家居的推广。

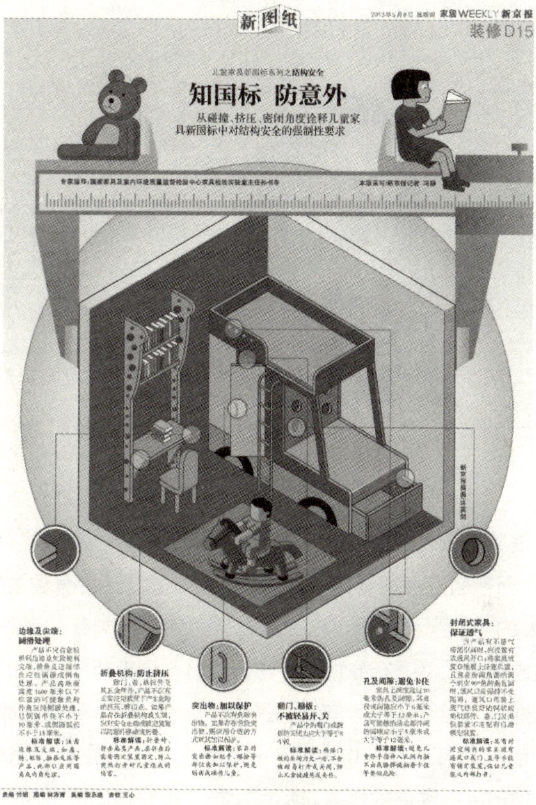


《知国标 防意外》：儿童家具国标分别解释了家具的不同位置，很难找到一张囊括所有内容的照片。为此美编创作了插图将这些标准巧妙分布在一张图中，相当于设计了一套儿童家具样板间。

新京报的信息可视化设计不仅体现在报纸上重点打造新图纸系，而且在新媒体我们也推出了“图个明白”长微博、微信制图等。长微博制图的特点是信息容量大，没有太多的版面限制，色彩上也更加丰富，对色彩的把握上难度也随之加大。长微博制图整体上看似无视觉中心，但同样要在细节上仔细打磨，争取做到每张图上都能出彩都有画龙点睛之笔。

（作者系新京报首席制图美编、新京报设计主编）

# 《钱江晚报·图视绘》：让新闻信息视觉化

□高建定

高建定



在这个信息海量以及生活快节奏的时代，冗长的文字表述常常会让受众望而生畏，而新闻信息视觉化，则能让读者快速、轻松、有趣地接受资讯。《钱江晚报》的《图视绘》版，已践行在新闻信息视觉化的道路上，通过对新闻事件或新闻故事进行分析、过滤，从而创作出新闻报道的新方式。

尽管新媒体冒出很多技术制作与呈现，但这并不意味着传统平面媒体对此无所作为。《钱江晚报》作为城市主流媒体非常注重传统媒体与新技术的结合，发挥出平面媒体的优势与特点，扬长避短让新闻故事在平面上活起来。2012 年 6 月 22 日，钱江晚报第一期《图视绘》就是这样有趣的作品。

《图视绘》每周一期，新闻团队目前主要由视觉中心美术编辑 6 人组成，3 人一组分成两个组，3 人分别承担采访、编辑、制图。

视觉中心美术编辑从只为文字记者和编辑提供后道包装、加工服务，到介入新闻的前期信息采集，再通过美编对新闻视觉的独到理解，让新闻以全新的阅读触角展现给读者，这种角色转换，是一种美妙的体验。

从选定新闻选题，到采访，到信息制图、视频拍摄，到文字编辑，再到版式设计，都由美编独立完成，它颠覆了国内传统意义上的美编职能，设计之余，更要挖掘、升华深层次的新闻内涵，这也是美编从单一的版面设计到复合型新闻设计师的华丽转身。

《图视绘》可以采取不同的呈现形式，在《钱江晚报》的实际操作中

可分为几大类：科普类、养生类、服务类、新闻类

## 科普类

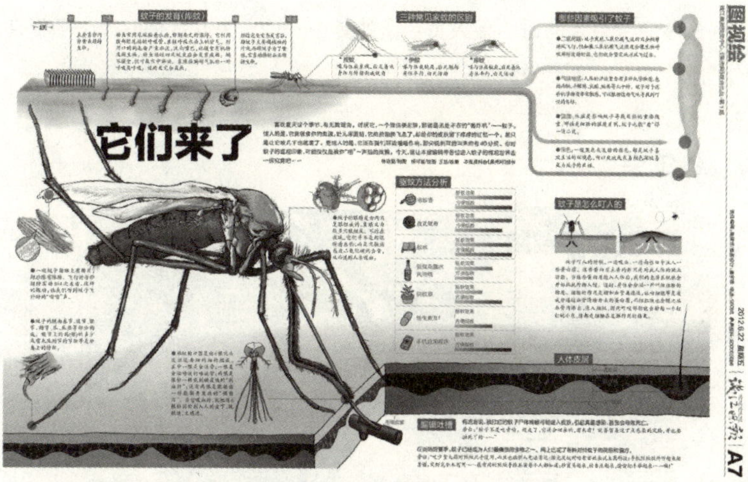


上图是解剖夏天最惹人厌的蚊子。从蚊子的发育、成形，到蚊子身体的各个部分的解析，再到蚊子是如何吸血的，什么因素导致人招引蚊子等方面，让读者全面、立体地了解蚊子。丰富而细腻的笔触，专业精简的文字，活泼的语言方式，深受读者喜爱。

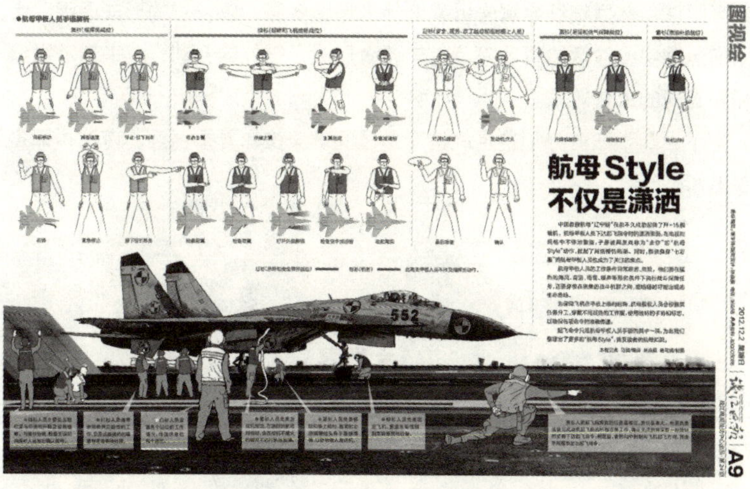


上图是解读中国首艘航母“辽宁舰”上甲板人员下达的各种指令。中国首艘航母“辽宁舰”成功起降了歼-15舰载机。航母甲板人员下达起飞指令时的潇洒画面，在电视和网络中不停地重播，于是被网友戏称为“走

你”的“航母 Style”动作，掀起了网络模仿热潮。同时，那些身穿“七彩服”的航母甲板人员也成为了关注的焦点。

为保障飞机在甲板上顺利起降，航母舰载人员会根据其任务分工，穿戴不同颜色的工作服，使用独特的手势和标志，以确保各项命令的准确传递。

起飞命令只是航母甲板人员手语的其中一项，为此我们整理出了更多的“航母 Style”，普及读者的航母知识。

### 养生类



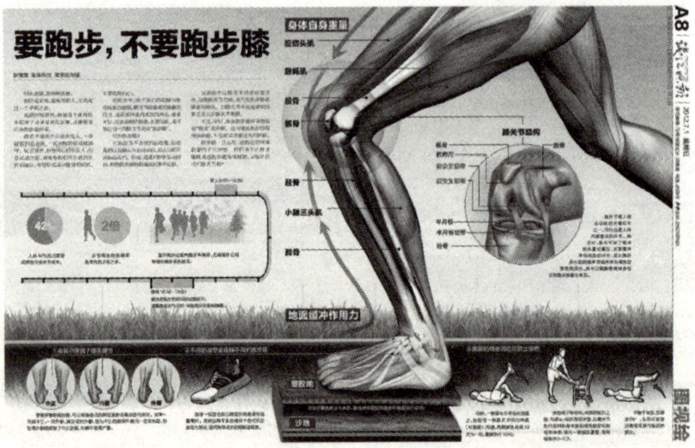


上图是对跑步膝的解读。纵贯版面的腿部和膝盖骨骼制图，快速抓住读者眼球，然后细细分解告诉读者什么是跑步膝，以及它的形成原因，大家在运动中要注意的事项等等，与读者形成了很好的互动，引来新浪微博和果壳网的大量转帖。

下面四张张图分别是足底按摩、民间健康操、夏季刮痧、谨防中耳炎等图解。

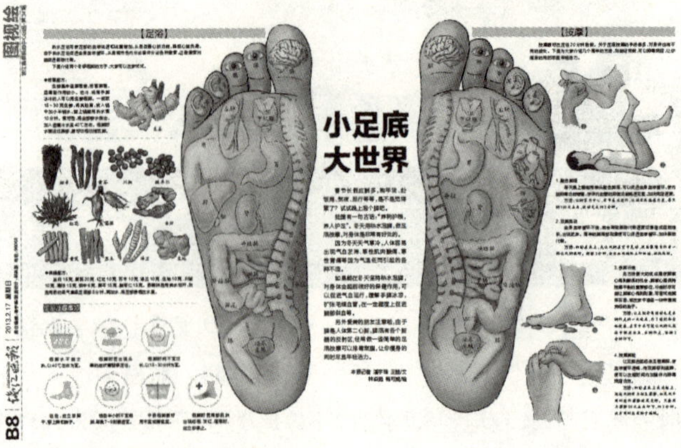

图视绘

B4

# 叶氏健康操

民间达人之叶师傅的养生秘诀

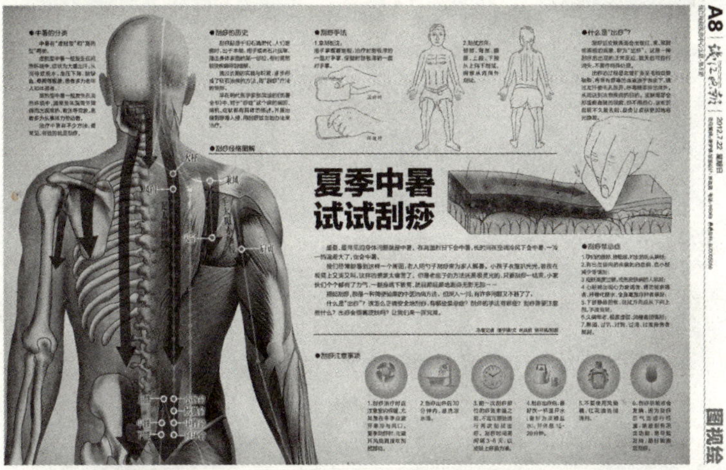
A8

图视绘

# 夏季中暑 试试刮痧

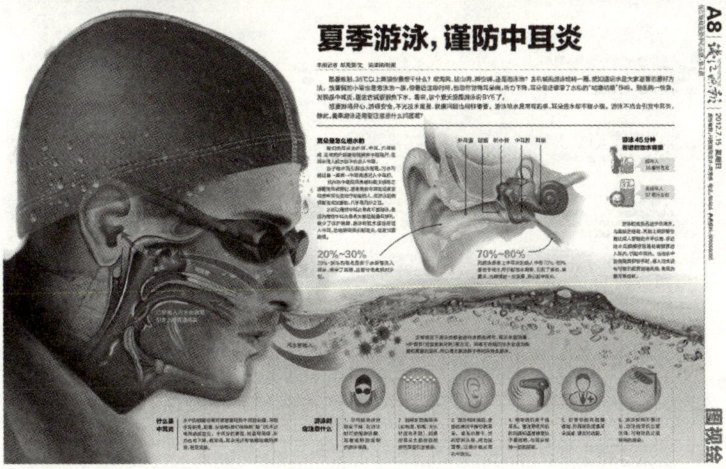
A8

图视绘

# 夏季游泳，谨防中耳炎

20%~30%

70%~80%

以上几期《图视绘》，选题紧扣读者的日常养生，科学解析专业知识，信息图形精美细致，视觉传达诠释精准。

服务类

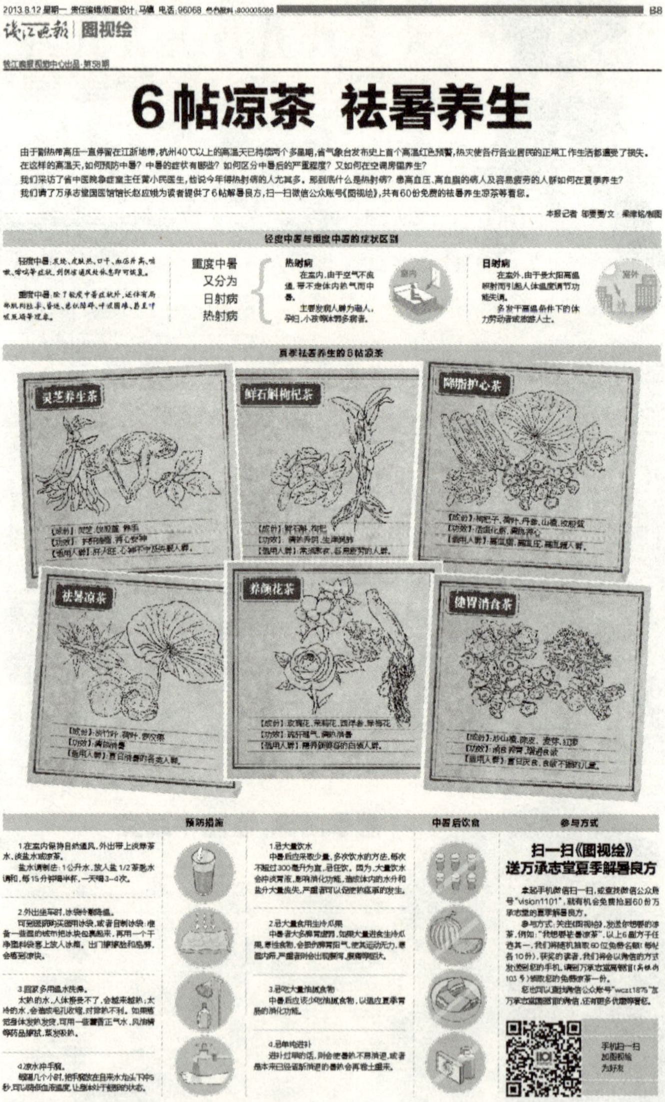

2013.8.12 星期一 责任编辑/版面设计：马骥 电话：96068 B8

钱江晚报 | 图视绘

钱江晚报视觉中心出品·第58期

# 6帖凉茶 祛暑养生

由于副热带高压一直停留在江浙地带，杭州40℃以上的高温天已持续两个多星期，省气象台发布史上首个高温红色预警，热灾使各行各业居民的正常工作生活都遭受了损失。
在这样的高温天，如何预防中暑？中暑的症状有哪些？如何区分中暑后的严重程度？又如何在空调房里养生？
我们采访了省中医院急症室主任黄小民医生，他说今年得热射病的人尤其多。那到底什么是热射病？患高血压、高血脂的病人及容易疲劳的人群如何在夏季养生？
我们请了万承志堂国医馆馆长赵应娥为读者提供了6帖解暑良方，扫一扫微信公众账号《图视绘》，共有60份免费的祛暑养生凉茶等着您。

本报记者 邬雯雯/文 梁津铭/制图

**轻度中暑与重度中暑的症状区别**

轻度中暑：发烧、皮肤热、口干、血压升高、咳嗽、哮喘等症状，到阴凉通风处休息即可恢复。

重度中暑：除了轻度中暑症状外，还伴有局部肌肉抽搐、昏迷、意识障碍、呼吸困难、甚至呼吸衰竭等现象。

重度中暑又分为日射病、热射病

热射病
在室内，由于空气不流通，带不走体内热气而中暑。
主要发病人群为老人、孕妇、小孩等体弱多病者。

日射病
在室外，由于受太阳高温照射而引起人体温度调节功能失调。
多发于高温条件下的体力劳动者或旅游人士。

**夏季祛暑养生的6帖凉茶**

灵芝养生茶
【成分】：灵芝、铁皮石斛、佛手
【功效】：护肝降脂、养心安神
【适用人群】：肝火旺、心神不宁及失眠人群。

鲜石斛枸杞茶
【成分】：鲜石斛、枸杞
【功效】：清热养阴、生津润肺
【适用人群】：常熬夜、容易疲劳的人群。

降脂护心茶
【成分】：枸杞子、荷叶、丹参、山楂、绞股蓝
【功效】：活血化瘀、降脂养心
【适用人群】：高血脂、高血压、高血糖人群。

祛暑凉茶
【成分】：淡竹叶、荷叶、罗汉果
【功效】：清热消暑
【适用人群】：夏日消暑的各类人群。

养颜花茶
【成分】：玫瑰花、茉莉花、西洋参、绿梅花
【功效】：疏肝理气、清热消暑
【适用人群】：需养颜美容的白领人群。

健胃消食茶
【成分】：炒山楂、陈皮、麦芽、红枣
【功效】：消食养胃、增进食欲
【适用人群】：夏日厌食、食欲不振的儿童。

**预防措施**

1.在室内保持自然通风，外出带上淡绿茶水、淡盐水或凉茶。
盐水调制法：1公升水，放入盐1/2茶匙水调和，每15分钟喝半杯，一天喝3-4次。

2.外出坐车时，冰袋冷敷降温。
可到医院购买医用冰袋，或者自制冰袋：准备一些厚的毛巾把冰块包裹起来，再用一个干净塑料袋套上放入冰箱。出门擦擦脸和脖子，会感到凉快。

3.回家多用温水洗澡。
太热的水，人体接受不了，会越来越热；太冷的水，会造成毛孔收缩，对排热不利。如果感觉身体发热发烫，可用一些藿香正气水、风油精等药品擦拭，蒸发吸热。

4.凉水冲手腕。
每隔几个小时，把手腕放在自来水龙头下冲5秒，可以降低血液温度，让身体处于舒服的状态。

**中暑后饮食**

1.忌大量饮水
中暑后应采取少量、多次饮水的方法，每次不超过300毫升为宜，忌狂饮。因为，大量饮水会冲淡胃液，影响消化功能，造成体内的水分和盐分大量流失，严重者可以促使热痉挛的发生。

2.忌大量食用生冷瓜果
中暑者大多脾胃虚弱，如果大量进食生冷瓜果、寒性食物，会损伤脾胃阳气，使其运动无力，寒湿内滞，严重者则会出现腹泻、腹痛等症状。

3.忌吃大量油腻食物
中暑后应该少吃油腻食物，以适应夏季胃肠的消化功能。

4.忌单纯进补
进补过早的话，则会使暑热不易消退，或者是本来已经逐渐消退的暑热会再卷土重来。

**参与方式**

扫一扫《图视绘》
送万承志堂夏季解暑良方

拿起手机微信扫一扫，或查找微信公众账号"vision1101"，就有机会免费抢到60份万承志堂的夏季解暑良方。
参与方式：关注《图视绘》，发送你想要的凉茶，例如："我想要祛暑凉茶"，以上6副方子任选其一，我们将随机抽取60位免费名额（每帖各10份），获奖的读者，我们将会以微信的方式发送到您的手机，请到万承志堂国医馆（高银街103号）领取您的免费凉茶一份。
您也可以直接微信公众账号"wczt1875"加万承志堂国医馆的微信，还有更多优惠等着您。

手机扫一扫
加图视绘
为好友

由于今年夏天副热带高压一直停留在江浙地带，杭州 40℃以上的高温天已持续两个多星期，省气象台发布史上首个高温红色预警，热灾使各行各业居民的正常工作生活都遭受了损失。

在这样的高温天，如何预防中暑？中暑的症状有哪些？如何区分中暑后的严重程度？又如何在空调房里养生？

钱江晚报请万承志堂国医馆馆长赵应娥为读者提供了 6 帖解暑良方和 60 份免费的祛暑养生凉茶送给参与互动的读者，社会反响较好。

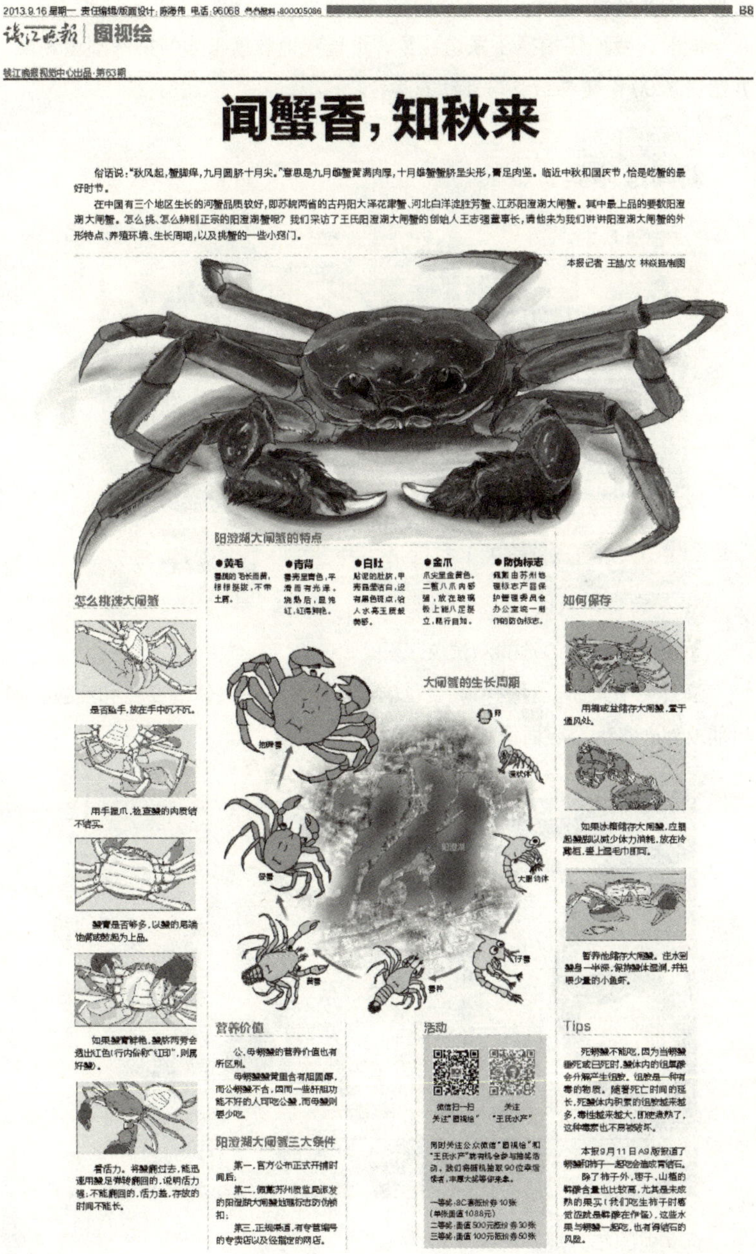

2013.9.16 星期一 责任编辑/版面设计：陈海伟 电话：96068 B8

钱江晚报｜图视绘

钱江晚报视觉中心出品·第63期

# 闻蟹香，知秋来

俗话说："秋风起，蟹脚痒，九月圆脐十月尖。"意思是九月雌蟹黄满肉厚，十月雄蟹蟹脐呈尖形，膏足肉坚。临近中秋和国庆节，恰是吃蟹的最好时节。

在中国有三个地区生长的河蟹品质较好，即苏皖两省的古丹阳大泽花津蟹、河北白洋淀胜芳蟹、江苏阳澄湖大闸蟹。其中最上品的要数阳澄湖大闸蟹。怎么挑、怎么辨别正宗的阳澄湖蟹呢？我们采访了王氏阳澄湖大闸蟹的创始人王志强董事长，请他来为我们讲讲阳澄湖大闸蟹的外形特点、养殖环境、生长周期，以及挑蟹的一些小窍门。

本报记者 王喆/文 林崧挺/制图

## 阳澄湖大闸蟹的特点

●黄毛 蟹腿的毛长而黄，根根挺拔，不带土屑。

●青背 蟹壳呈青色，平滑而有光泽。烧熟后，显纯红，红得鲜艳。

●白肚 贴泥的肚脐，甲壳晶莹洁白，没有黑色斑点，给人水亮玉质般美感。

●金爪 爪尖呈金黄色。二螯八爪内感强，放在玻璃板上能八足挺立，横行自如。

●防伪标志 佩戴由苏州地理标志产品保护管理委员会办公室统一制作的防伪标志。

## 怎么挑选大闸蟹

是否坠手，放在手中沉不沉。

用手捏爪，检查蟹的肉质结不结实。

蟹膏是否够多，以蟹的尾端饱满或鼓起为上品。

如果蟹膏鲜艳，蟹脐两旁会透出红色（行内俗称"红印"，则属好蟹）。

看活力。将蟹翻过去，能迅速用蟹足弹转翻回的，说明活力强；不能翻回的，活力差，存放的时间不能长。

## 大闸蟹的生长周期



## 如何保存

用桶或盆储存大闸蟹，置于通风处。

如果冰箱储存大闸蟹，应捆起蟹脚以减少体力消耗，放在冷藏柜，盖上湿毛巾即可。

暂养池储存大闸蟹。注水到蟹身一半深，保持蟹体湿润，并投喂少量的小鱼虾。

## 营养价值

公、母螃蟹的营养价值也有所区别。

母螃蟹蟹黄里含有胆固醇，而公螃蟹不含，因而一些肝胆功能不好的人可吃公蟹，而母蟹则要少吃。

## 阳澄湖大闸蟹三大条件

第一，官方公布正式开捕时间后；

第二，佩戴苏州质监局派发的阳澄湖大闸蟹地理标志防伪蟹扣；

第三，正规渠道，有专营编号的专卖店以及经指定的网店。

## 活动

微信扫一扫 关注"图视绘"

关注 "王氏水产"

同时关注公众微信"图视绘"和"王氏水产"就有机会参与抽奖活动，我们将随机抽取90位幸运读者，丰厚大奖等你来拿。

一等奖：8C蟹提价券 10张（单张面值1088元）

二等奖：面值500元抵价券30张

三等奖：面值100元抵价券50张

## Tips

死螃蟹不能吃，因为当螃蟹垂死或已死时，蟹体内的组氨酸会分解产生组胺。组胺是一种有毒的物质。随着死亡时间的延长，死蟹体内积累的组胺越来越多，毒性越来越大，即使煮熟了，这种毒素也不易被破坏。

本报9月11日A9版报道了螃蟹和柿子一起吃会造成胃结石。

除了柿子外，枣子、山楂的鞣酸含量也比较高，尤其是未成熟的果实（我们吃生柿子时感觉涩就是鞣酸在作怪），这些水果与螃蟹一起吃，也有得结石的风险。

俗话说："秋风起，蟹脚痒，九月圆脐十月尖。"意思是九月雌蟹黄满肉厚，十月雄蟹蟹脐呈尖形，膏足肉坚。临近中秋和国庆节，恰是吃蟹的最好时节。

这期"图视绘"给读者介绍了阳澄湖蟹的外形特点、养殖环境、生长周期，以及挑蟹的一些小窍门。

同时，我们还拍摄了采访视频，更直观地教读者如何挑选阳澄湖蟹，并赠送了 90 份蟹券给参与互动的读者。



## 新闻延伸类

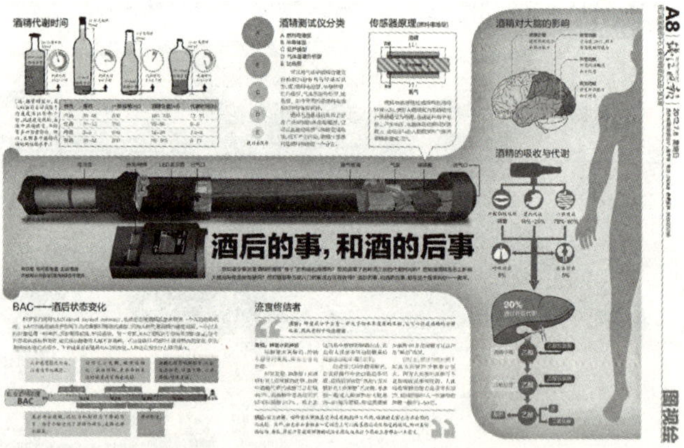
A8
酒精代谢时间
酒精测试仪分类
传感器原理
酒精对大脑的影响
酒精的吸收与代谢
酒后的事，和酒的后事
BAC——酒后状态变化
图视绘

上图解剖了查酒驾的测试仪。

酒驾关乎人命，对酒精测试仪的剖析以及酒后人体的变化和反应，司机朋友都会在这个版面里得到想要的信息。

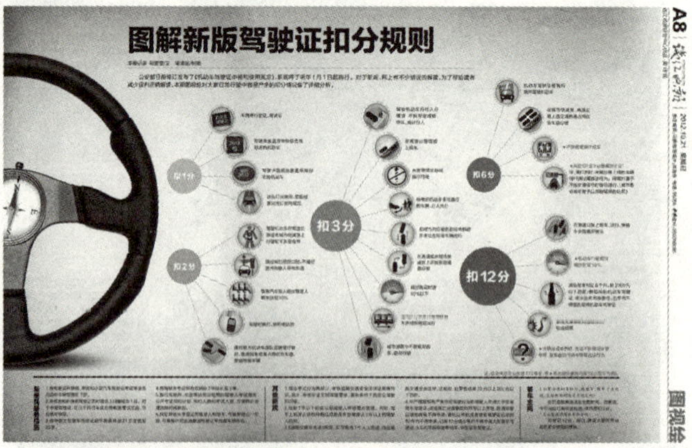
A8
图解新版驾驶证扣分规则
扣1分
扣2分
扣3分
扣6分
扣12分
图视绘

新交规的扣分规则一目了然。

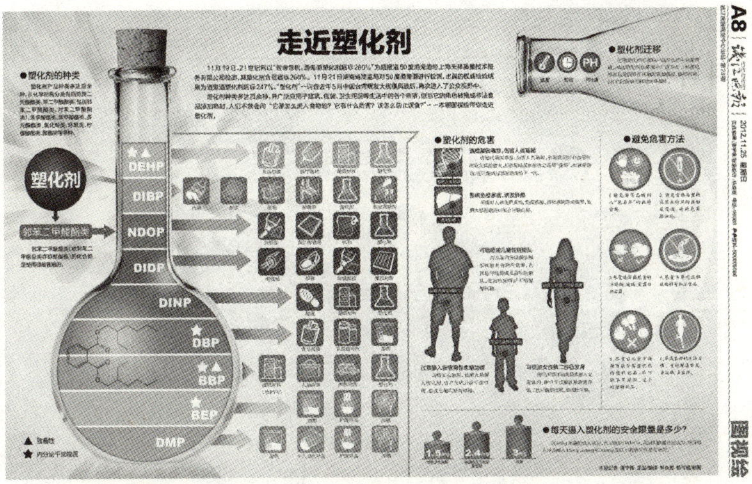

走近塑化剂

●塑化剂的种类

塑化剂

DEHP

DIBP

NDOP

DIDP

DINP

DBP

BBP

BEP

DMP

●塑化剂迁移

●塑化剂的危害

●避免危害方法

●每天摄入塑化剂的安全限量是多少？

A8

一则新闻《致命危机：酒鬼酒塑化剂超标 260%》让大家危言耸听，到底什么是塑化剂？对人体有多少危害》它是如何进入食品的？“走近塑化剂”一一作了解答。

2013.4.22 星期一 责任编辑 潘宇锋/版面设计 陈海市 电话 96068 A11

钱江晚报 | 特别报道·图解

地震搜救和安全防范服务手册

本报记者 潘宇锋/文 林焱磊 杨可嘉/绘

突如其来的地震灾难，让太多生命骤然逝去。在敬畏大自然的力量和感叹人的脆弱之余，我们是否应该对地震有更多的了解，尽可能做到防患于未然。

地震之前如何防范？

地震来了如何应对？如何逃生？

地震之后如何搜救？如何自我保护？

4月20日发生在四川省雅安市芦山县的7.0级地震现在正处于震后“黄金72小时”，在这个时间段内，灾民的救活率很高，而怎样安全、科学地搜救，以及被救后该怎么处置，我们从“震后搜救”、“自我保护”、“安全防范”三方面给读者提供服务手册。

震后搜救

①人工搜索

②仪器搜索

③搜救犬搜索

自我保护

安全防范

为突发状况准备顺手的应急物品，可以减少灾难带来的冲击。

水

食品

应急灯

急救箱

灭火器

特殊品

工具

衣服

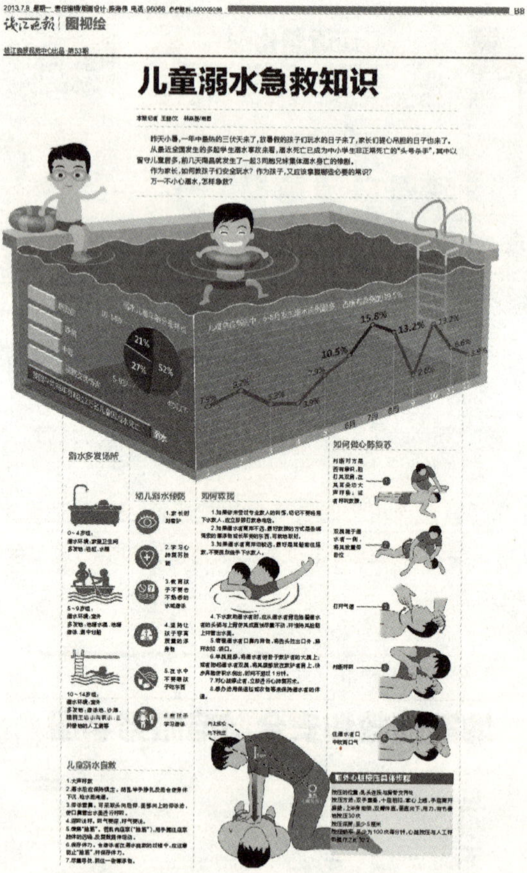


突如其来的地震灾难，让太多生命骤然逝去。在敬畏大自然的力量和感叹人的脆弱之余，我们是否应该对地震有更多的了解，尽可能做到防患于未然。

地震之前如何防范？地震来了如何应对？如何逃生？地震之后如何搜救？如何自我保护？

4 月 20 日，四川省雅安市芦山县发生 7.0 级地震。图视绘从“震后搜救”、“自我保护”、“安全防范”三方面给读者提供服务手册。

每年暑假，全国都会发生多起儿童溺水事件。结合最近发生的新闻，图视绘及时做了知识普及。

“图视绘”也吸引了广告商的亲睐。不仅在报纸“图视绘”版上有平面广告呈现，还在钱报网、微博、微信上推出相关的商业视频，给客户增加了附加值。

（作者系钱江晚报视觉总监）

# 网易“数读”的信息图表运用

□谭唯

谭唯



网易“数读”（网址为：http://data.163.com/special/datablog/）是近几年新开辟的栏目，内容以博客形式（datablog）展现，说明文字与信息图表（静态图表与交互式信息图表都有出现，比例大约是 20：1）结合，色彩轻松活泼，板块清晰大方，可以说很恰当地实现了创作者的栏目设计主旨：用数据说话，提供轻量化的阅读体验。本文将以“数读”为例，从理念出发就怎样设计优秀信息图表谈些看法。

## 一、大脑如何阅读

我在 Connie Malamed 所著的《Design For The Human Mind》一书中读到些很有趣的科学论证，她提到当阅读行为发生时，大脑会进行一个较复杂的处理过程。所以在探讨设计之前，让我们先来看看阅读信息图表时，大脑怎样运作。

1. **找标题**：读者在阅读信息图表时通常会先找标题。以上图为例，标题并不像以往呈现在最上面，而是在下方。根据图表的设计形式，数读的标题会出现在图形中的任意位置，为了突出，标题旁边一般会配有网易新闻数读版块的小 Logo，标题以字号大小及颜色来区分，字体基本没有变化。

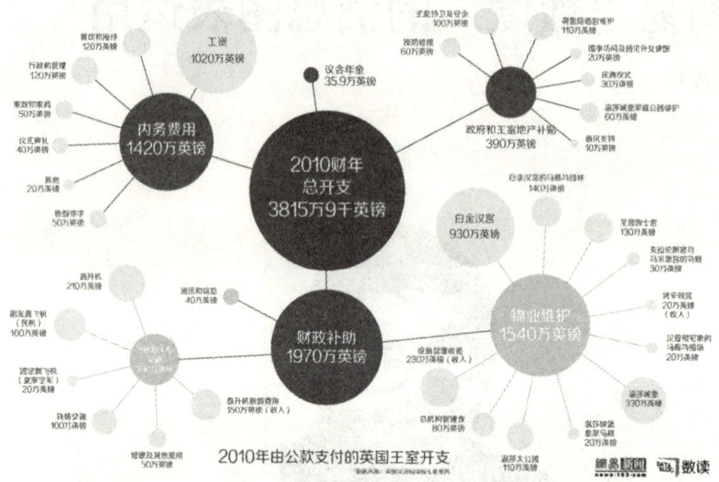




**2. 粗略扫描**：读者也许会先花时间扫描全图，了解信息图表的整体结构，数据分类以及复杂性。

**3. 搜索信息**：为了找到数据，读者会顺着图示图形以及色彩直到发现有用的信息，当用户对信息图表的结构熟悉，或者上下文的图示图形色彩相同的时候，视觉搜索会更迅速的完成。

**4. 提取信息**：找到目标数据后，读者就从表中提取出一条基本信息。

**5. 理解**：读者倾向用他们已有的知识去理解已从信息图表中获取的信息。

**6. 比较**：读者将会比较数据，并发现规律。

**7. 推断**：为了更深层次的理解数据变化，读者往往会推断一些结论。

**8. 分析**：读者将会对图表下方的文字进行分析，并结合自身知识库中提取的信息，来解释数据的意义。

**9. 回忆**：读者会想要记住其中一些信息，以便在将来使用。

## 二、设计指南与受众需求

### 1. 提供新的表达方式

传统的柱形图、饼图有可能会带来审美疲劳，可以尝试从图形的视觉样式上进行一些创新，常用的方法就是将图形与指标的含义关联起来，并进行信息组织，有效信息图表的一个主要方面是由视觉结构体现出组织性。当信息被梳理后分块成段，对视觉信息的加工就变得容易了。所以在“数读”中图表往往会以异形的方式出现，例如和飞机有关的会有飞机的剪影，和足球有关的会有足球与绿茵场的抽象化形态组合。

如下图：石油支撑起来的委内瑞拉经济。视觉上以油桶作为图表的主题元素，一目了然，GDP 总额用橙色表示，石油出口额用黑色圆点表示，黑点被橙点包裹，在大小变化上指明两者之间的关系。

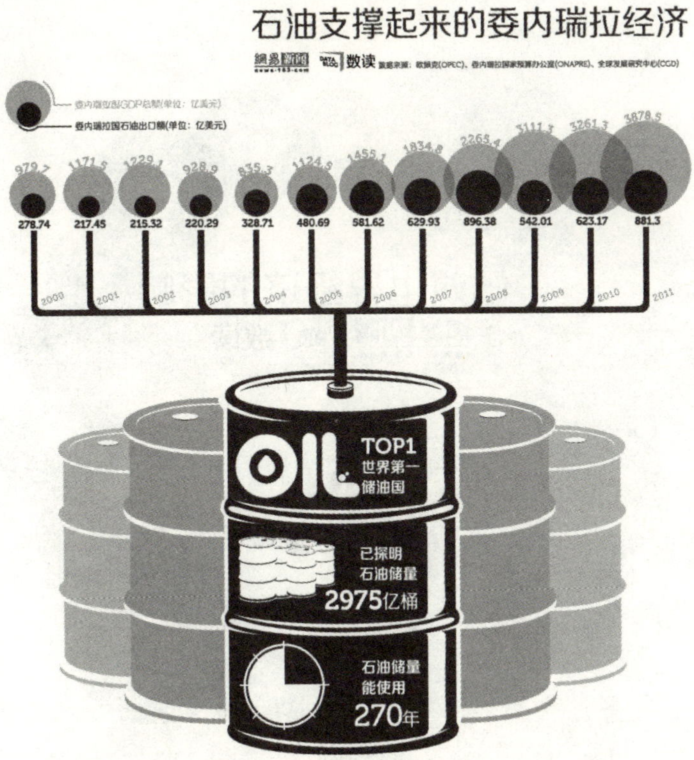


**2. 移除无用元素**

在信息设计中，遇到最棘手的问题就是信息量太多而显得设计结果不尽人意，那么在砍不掉需求的前提下，如何解决这类问题呢？

网易“数读”为了保证快速浏览，集中展现最重要的数据，往往避免在图表周边堆砌各种不相干元素。如果想让图表中的数据自己说话，就不要让它被周边的装饰所淹没。在操作上可以采取一些简单有效的原则，如：扁平化设计，你可以通俗理解为使用简单特效，或者无特效来创建的设计方案，它不包含三维属性。诸如投影、斜面、浮雕等特效都不宜在设计中使用；避免使用背景照片和图画。几乎所有“数读”的信息图表都在遵循这一原则。

如下图：中国对世界经济的影响。这张图表只用了蓝色系由浅入深的渐变，就可以体现影响小（浅蓝色）到影响大（深蓝色）的区别。内容上只标明了国家与百分比，再简洁不过。读者可以通过外圈之间大小的对比、内外圈大小对比以及圆圈颜色的深浅了解到很多信息。



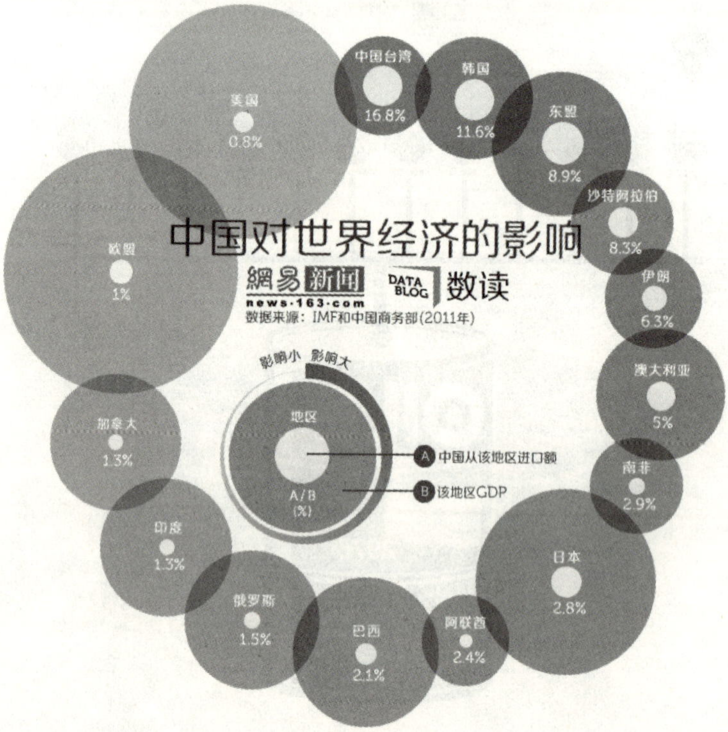


3. 创造视觉层级

可以使用格式排版来标注重点并引导读者注意力，例如标题可以放大或者加粗，高亮可以引起注意。视觉记号可以使表格变得易读，使读者知道哪些内容更重要。

很重要的一点是，一个信息图表至少适用于两个层次。最初的一瞥，给读者以大的图形轮廓，例如下图，最重要的趋势、最密集的家庭数所处板块或是一个快速的比较。这能够使受众了解到：这张图表是关于哪方面的、主题是什么。之后读者才能对下一个层次进行分析，这又涉及对细节的审视与互动。

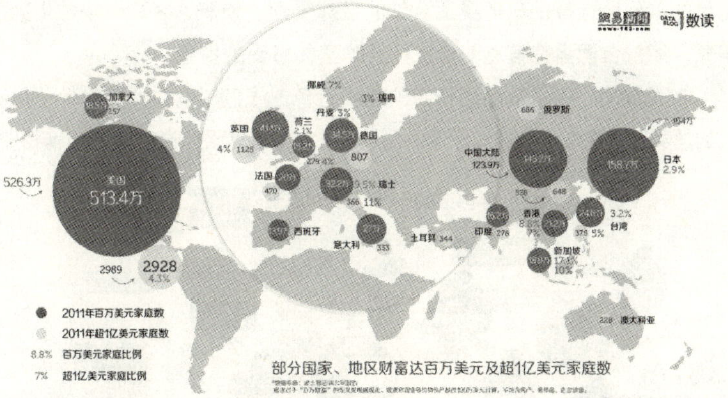


## 4. 比例精确

在许多图表、略图和分析地图上，各类要素代表了数量，因此准确的尺度和比例很重要。如果一根柱状图形比另一根长一倍，读者会假定其数量上也多一倍。当统计图中一个圆的面积是另一个圆的一半时，我们会解读为小圆所代表的数量是大圆的一半，如下图所示。尽管这是个简单的概念，但做到精确却并不容易，这一点在使用面状符号表示数量的时候尤为明显。这时候你需要依靠数学公式，而不是构思时用的眼睛。

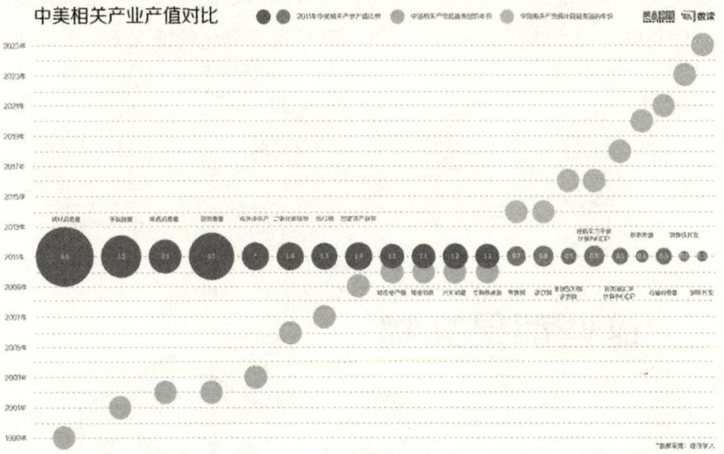


## 5. 定义调色板

颜色可以用来区分信息图形上的数据类别和维度，是数据可视化中最常用的视觉变量之一，也是情绪表达方式或者说是性格特征的体现，每种颜色都有着属于自己的声音。作为一种视觉元素，色彩是很难被衡量，也很难用理性的角度去分析和阐述它。所以当你选择颜色时要慎重，不能漫无目的。你所选择的颜色要适合你的目标受众、能表达客户希望你传达的信息，能符合读者在信息图形上获得的整体感受的期望。

在“数读”中多数图形使用的是相近色、浅色或者对比色，但使用颜色的总类基本会少于三个，背景以白色为主，与其扁平化设计理念相辅相成。

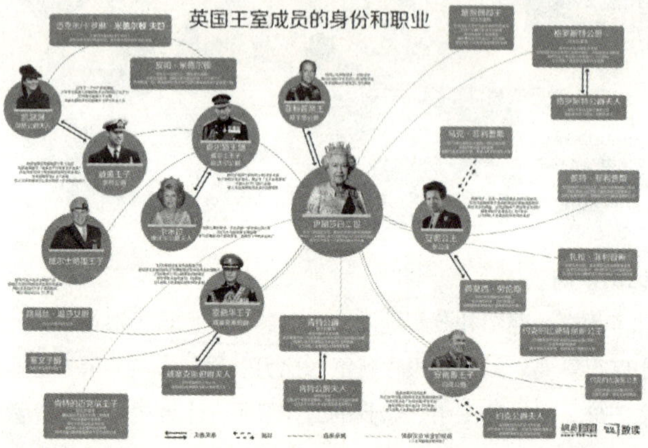


6. 文字的韵律

任何字体都有其独特的风格，在设计时，通常为表达某种情感而选择字体。对字体情感的产生是因为对某种字体的内在韵律，而产生的视觉反应。使用基本的字体和字号，在不进行其他特意变化的情况下，根据文字

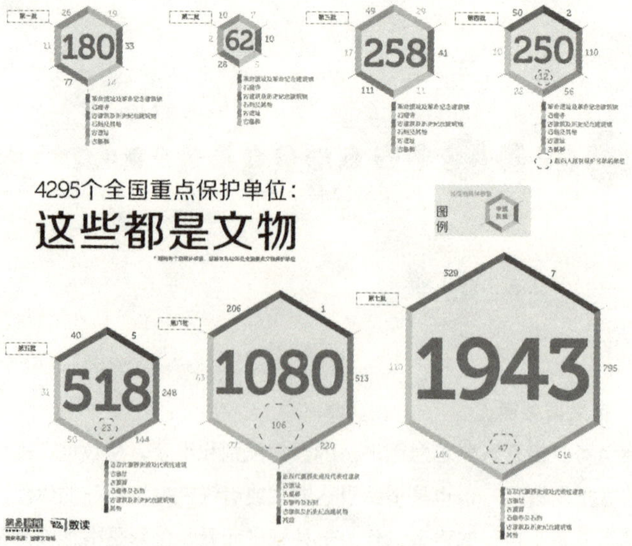

本身的特点进行调整，使文字排版在横向上和纵向上都产生客观自然的韵律变化，使字体排版的律动更加连贯顺畅，赋予设计师所想体现的情感。

“数读”里，设计师基本只使用一种字体，用颜色与大小来区分主次层级关系。在信息图表中寻找信息时，读者希望前后采用同样风格。为了保持风格一致，设计师则可在此基础上保证对同类元素使用同样的字体，对同类数据使用同种表现形式。

### 7. 交互式设计

通过对界面和行为进行交互设计，从而可以让使用者使用人造物（即人工制成物品，例如，软件、移动设备、人造环境、服务、可佩带装置



超150年老字号企业中国仅5家，日本上万

2012-05-18　57201人参与讨论

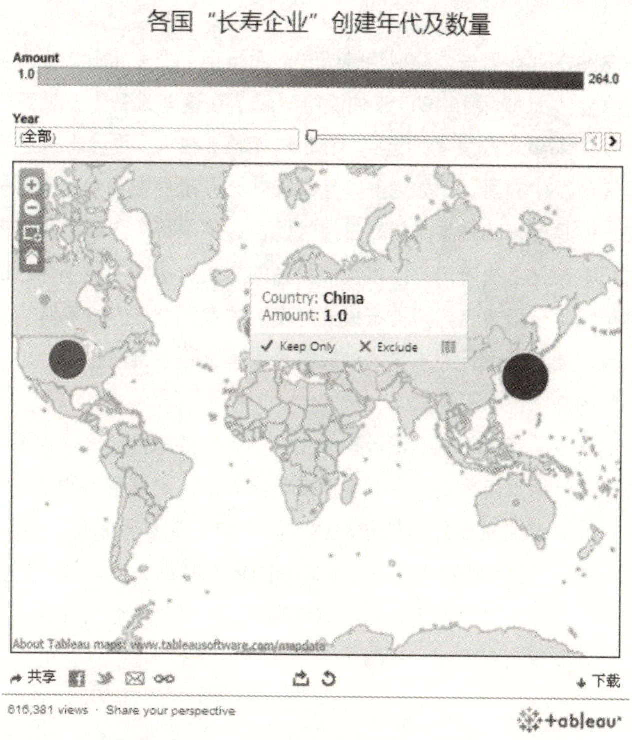


（拖动上方滑块可按年代查看地图，鼠标悬停色块可查看具体国家和数量。数据来源：wikipedia.org）

以及系统的组织结构）来完成目标，这就是交互设计的目的。从用户角度来说，交互设计是一种如何让产品易用，有效而让人愉悦的技术。它致力于了解目标用户和他们的期望，了解用户在同产品交互时彼此的行为，了解“人”本身的心理和行为特点。同时，还包括了解各种有效的交互方式，并对它们进行增强和扩充，并且涉及到多个学科，以及和多领域多背景人员的沟通。

交互设计工作核心在于信息架构和交互细节设计。信息架构包括信息分类以及信息展示逻辑设计；交互细节则多表现为控件的选择，交互效果的定义等。



“数读”中的交互设计类型图表占的比重并不多，多数表现形式以下图为主。上方有年度跨度的滑块可以拖动，鼠标点击地图上面的圆形色块，地图放大，相应数据（此图为具体国家及数据）就会显示在色块旁。

## 三、信息图表的未来趋势

信息图表也在另一个领域稳健成长。它运用可视化实时数据来描述某些实时事件。而 iPad 和 iPhone 的流行激起了在这些设备上开发可视化交互式图表的渴望。开发者们运用 HIML 和 HTML5 在 IOS 平台上来创造丰富的交互式可视化界面。比如说一些互动设计允许用户在观看时调整一些变量元素，但是信息图表本身仍然是线性的，这使得每个人看到的图表都一样，又都不一样；或者用户能以类似会话的方式直接参与改变信息图表的顺序甚至结果；再或者用户自行摸索可交互的点和交互方式等等。我们也许可以说，交互式设计在未来的信息图表发展之路中会占主流地位，渐渐取代之前的静态信息图表。

总的来说，读图时代，设计理念及头脑是重要的，技术是次要的。当你掌握了设计原理及规律后会发现万变不离其宗，这其中有对美好事物的追求，也有让读者感到舒适的用户体验。正如大卫·马梅在《导演功课》一书里所说：“艺术家的任务是把最简单的技术学得完美，而不是去学太多的技术。如此才可以使困难的事变得容易，容易的事变成习惯，习惯的事因此可以变得更加美妙！”

（作者系南方日报美编）

# 信息制图三要点

□陈倩

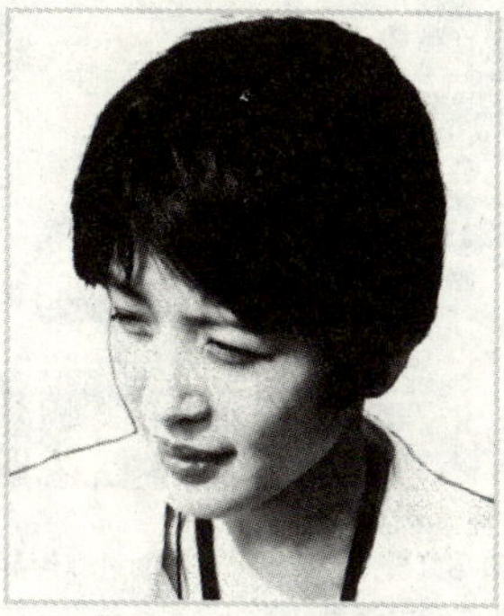

陈倩



在传统媒介与互联网、移动终端等新型媒体技术融合过程的时代，对于新闻媒体而言，信息制图作为一种视觉传播工具，通常能更清晰、透彻、高效地传递新闻信息。信息制图是指信息、数据、知识等的视觉化表达，但不简单等同于过去的新闻图表的概念。相对于纸媒时代、静态为主的新闻图表，信息制图在互联网和可视化技术发展的背景下，具有更加丰富的视觉化表达手段。这里的视觉化表达是指图表、图解、图形、表格、地图、动画、视频等视觉化工具来传递新闻信息及背景知识。下面简单介绍新闻信息制图的设计要点。

## 一、信息图表的设计本质

遵从新闻的真实性，严谨、慎重的设计制作。如果信息图表设计师只是哗众取宠来提高报纸视觉吸引力，设计富有视觉冲击力的信息图表却没有传达任何有效的新闻内容信息，这种情况只能称为“图表垃圾”。唯有始终贯彻“信息图表设计使信息更加简单高效地传递”这一设计理念才是最根本的设计。换句话说，内容为核心，设计为辅包装。

## 二、信息图表设计的要点

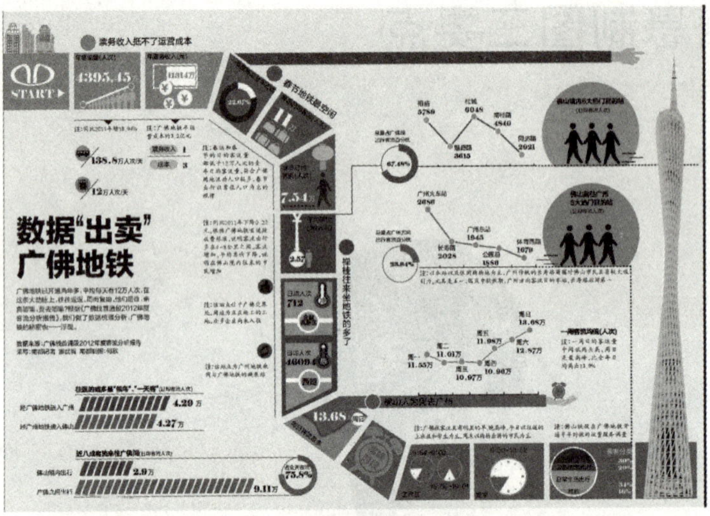


这是广佛地铁票务收入与客流的一个数据分析报告。这是一组新闻数据非常复杂，工程巨大、任务繁重的数据图表设计。怎样可以一次性又有连贯性的组合起各种数字数据？采用各种小图形来表达票务、客流、各个时间段最为合适，在利用四种颜色，有左到右，由绿至紫的过度，形成一个飞行棋格的构造，带出一种流动的主题氛围。一般想色调高雅大方，是不采用超过三种颜色以上的用色，这里虽然用了4色，但却是同色系的不饱和粉色调，整体看起来和谐不会刺眼。由于内容、颜色都很丰富，铺底网有种统一、杂而不乱，整洁的效果。

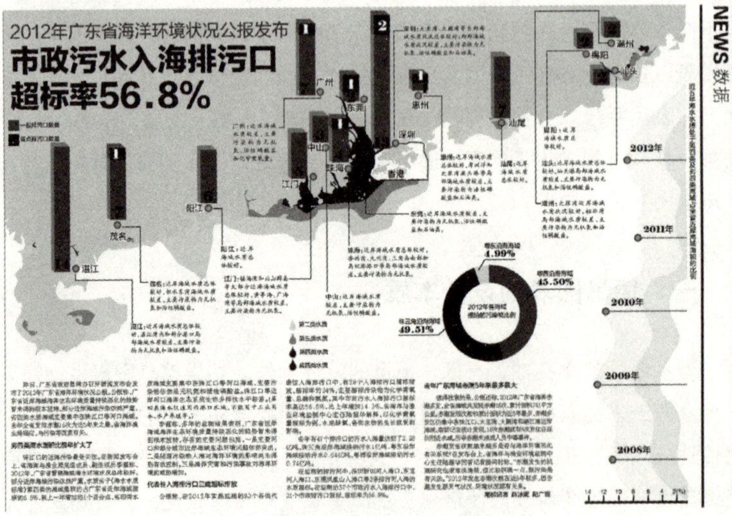


这是关于2012年广东省海域海洋生态环境质量持续污染严重的情况，其中以珠江口海域为最严重的数据视觉化呈现。图表用单色的地图底图，搭配传统的柱状图、原形图，在用暖色系的四种颜色来区分广东省各城市水质的污染情况。整个设计严谨、简洁有力，色调和谐，一目了然的表达了主题内容。

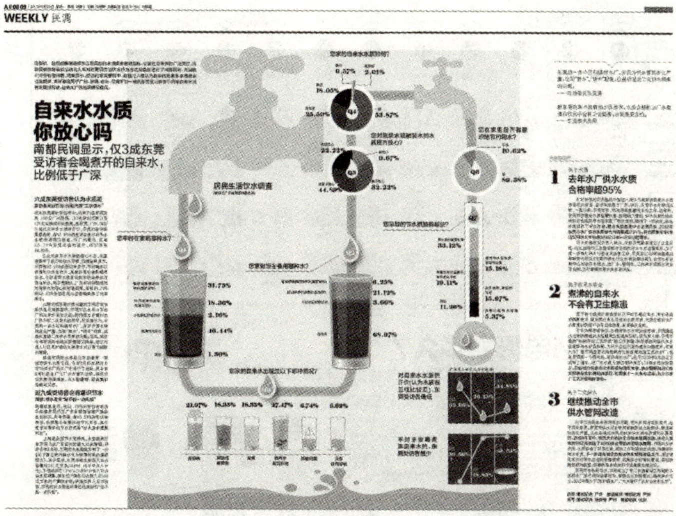
WEEKLY 民调

# 自来水水质你放心吗

南都民调显示，仅3成东莞受访者会喝煮开的自来水，比例低于广深

房民生活饮水调查

1 去年水厂供水水质合格率超95%

2 煮沸的自来水不会有卫生隐患

3 继续推动全市供水管网改造

民调数据图：有报道东江东莞段的水质量重金属超标后，对自来水问题的一个网络民意调查。直白有效形象化的水龙头的图案成为图表的一个视觉焦点，更容易使人认清主题，引起阅读的兴趣。用色节制高雅，细节精致到位，这是达到极简设计的成功图表。

**极简设计**。好的设计通常是简明扼要，能加强信息图表的可视化与互动性。信息设计的前提应该是读者们思维敏捷，有好奇心，他们或许匆忙急切，但是并不愚蠢。在视觉传播的时代，读者花在阅读新闻上的时间越来越少且趋于碎片化。只有尽可能简单、直接、有趣地将新闻信息展现在读者面前，才能赢得读者的注意力。动辄几千字的长篇叙述可能是多数新闻编辑所熟悉的表达复杂信息的方式，但在节奏快、注意力竞争激烈的今天，读者或许仅仅扫一眼摘要就匆匆离开了。

相比于文字，读者对于可视化的信息更有兴趣，所以对信息进行适当可视化的挖掘和包装，不仅可以赢得读者的注意力，还可以帮助读者更清晰透彻地了解新闻信息。

**创意设计**。爱德华·约翰说过："真正的自发性，似乎是来自遵循，而不是受制于各种规则。"设计师怎样能打破刻板规则、以往惯性思维设计，能拥有新奇充满想象的创造力才是最重要的。无论是图表制作还是新闻制图、经济制图、插图、动画、视频等设计都是与创造力是相通的。设计创造力来源于平面设计。平面设计从来都是不断延伸的行业，它不会十分流行，但它一定会并且必然反映出社会时尚和审美观点。设计师打破常规制作出更富艺术表现力的动态信息图表的例子：早期曲线图、垂直方向的柱状图、饼状图等常规图表，设计师通过加入形象的元素图形、图形阴影、颜色上的搭配立马让常规图表生动趣味性起来。

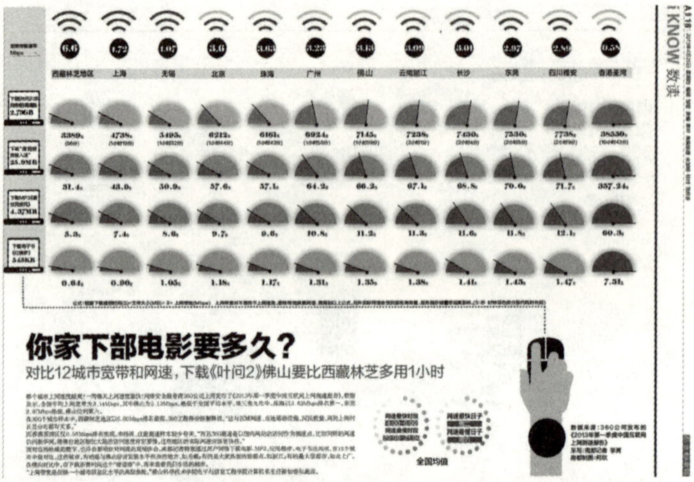


试举一例。关于网民在各个时间段下载电影的一个数据统计，一开始设计的方案是直白的排列了几排的电脑图形，通过标上数字来区分各个时段的下载数量，效果出来感觉常规、严肃、死板。虽然是达到数据统计目的，但图表缺乏亮点，没有艺术上的表现力。图表设计统筹和设计师一起研究换了几个方案，最后用加了指针的不同颜色变化的半圆图形来表达各个时间段，还设计了一个形象生动的手按鼠标的主体图案连贯全版。前后设计的差异震撼了我们，形象大胆的设计让人惊叹。

**格调、独创性**。通过图表、图形、图解、地图、表格等等各种视觉化工具多样性来回组合进行各种综合设计和传达信息概念；利用色调来表达各种新闻类型情绪；对图形设计美学上的创新设计。《南方都市报》于2012年5月建立数读版面，设计团队由现职、外约设计师一共8人组成，致力体现出自己报社信息图表的风格和独特性。利用色调的例子：红色代表警示、强调，可以用在防火，节日数据统计设计。绿色代表生机、希望，可以用来小学生生长情况、社会公益问题。中黄色和黑色的搭配比较庄重，用于社区、政府机关的数据图表上。人类一直具有一些普遍的颜色共识，这些共识恰恰很好地运用到信息图表设计当中来表达新闻性质类型。信息表达是否明确、是否有艺术表现力、色彩表达是否高雅大方、是否能吸引大家的注意力——这四点，就是我们信息设计作品的关键。有了它们，作品才能一气呵成，让心随已“变”，才能真实时尚，才能引领阅读，带来独到的知识性、趣味性。

（作者系南方都市报视觉中心美术设计部副主任）

# 国内媒体八种打破常规的视觉表达

□邱洪添

邱洪添



在国内纸媒上，对于信息图表用“打破常规”设计手法来表现的有《南方都市报》、《钱江晚报》、《新京报》、《重庆时报》、《京华时报》等。对于信息图表的设计，这几家媒体已经不仅仅是数据的罗列了，而是强调整版新闻信息的视觉化表达。

## 一、《钱江晚报》的《图视绘》：百科全书类信息图表

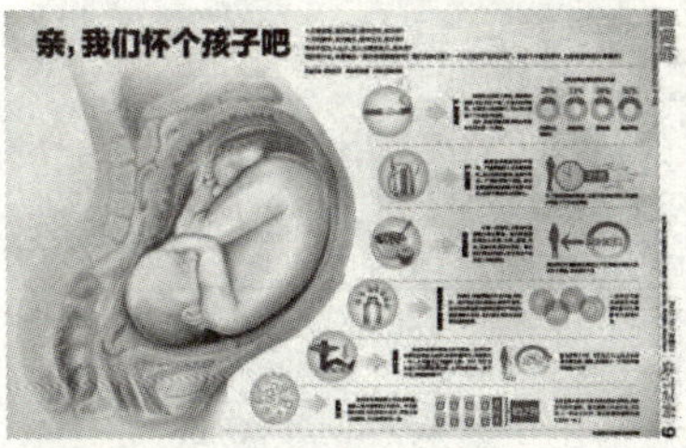
亲，我们怀个孩子吧

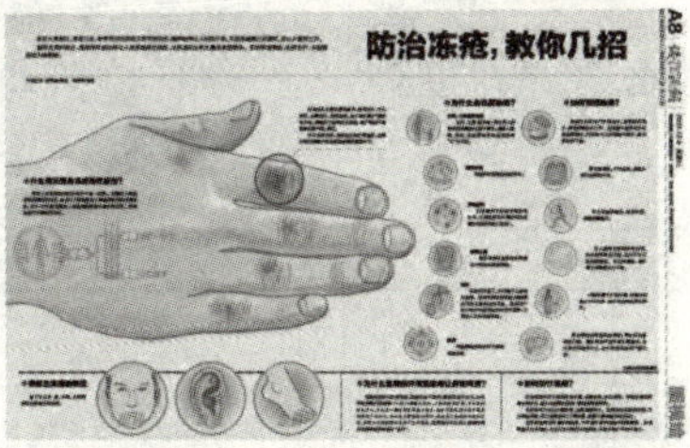
防治冻疮，教你几招

上面两张图同属一种主题，都是有关人的身体的一种表述。“破”的表现手法体现在图形用夸张的手法让读者有震撼力的视觉印象，可读性强，色彩应用好，不跳不乱，整体统一舒服。

## 二、《重庆时报》收藏版：文化类信息图表

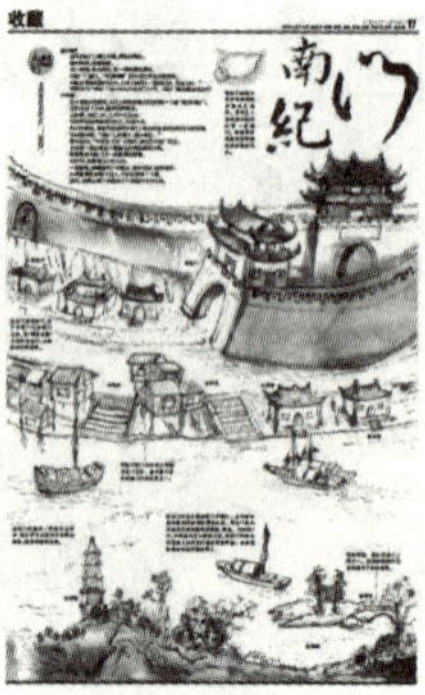


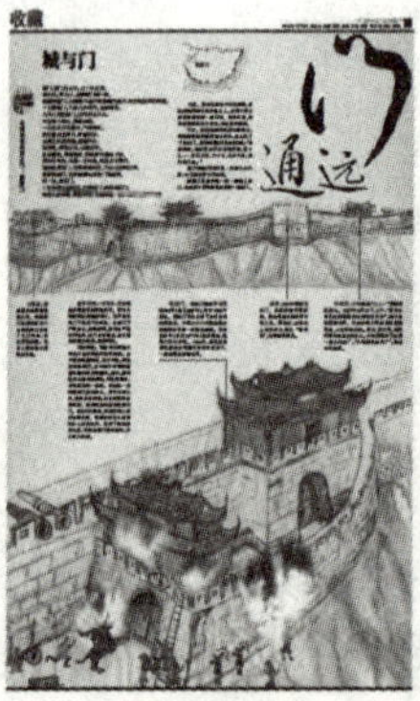

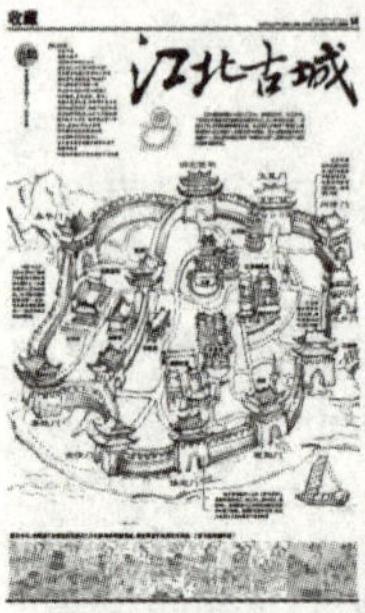

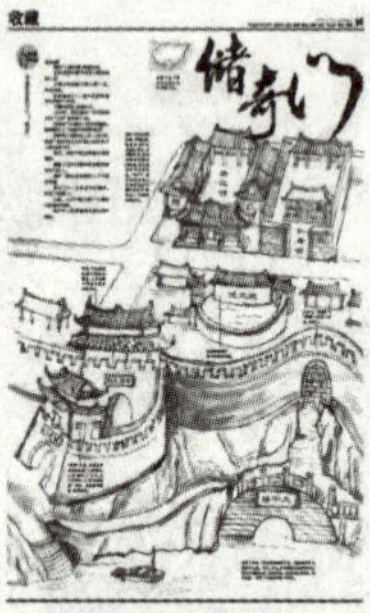

《重庆时报》收藏版这种版面的设计有别于我们以前常见的冷冰冰的信息数据版，而是一种文化版、一种别致的摄影版、一种博物馆里的图解版。这种版面的设计难度极高，首先要求设计师要了解这段历史。其次是设计师要有国画的功夫和意境；最后还要有准确的地理知识和标示。这可能要求设计师和档案馆的紧密合作。有时一个版仿佛连环画，意味隽永。

三、《烟台晚报》的“海国图志”版——科普类专题信息图表

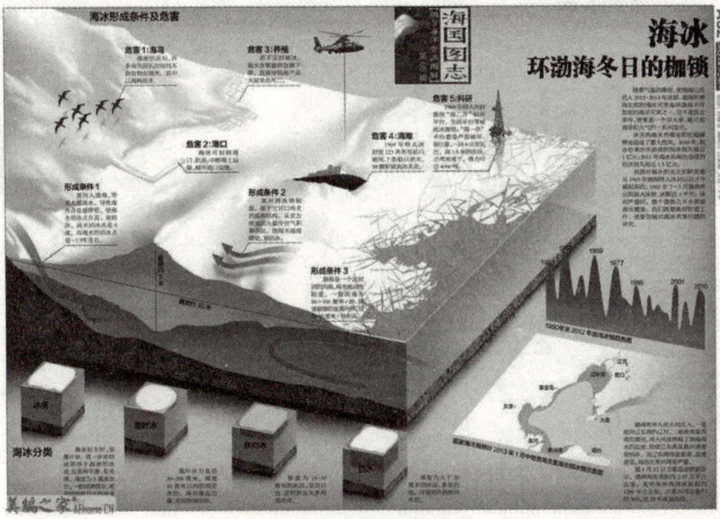


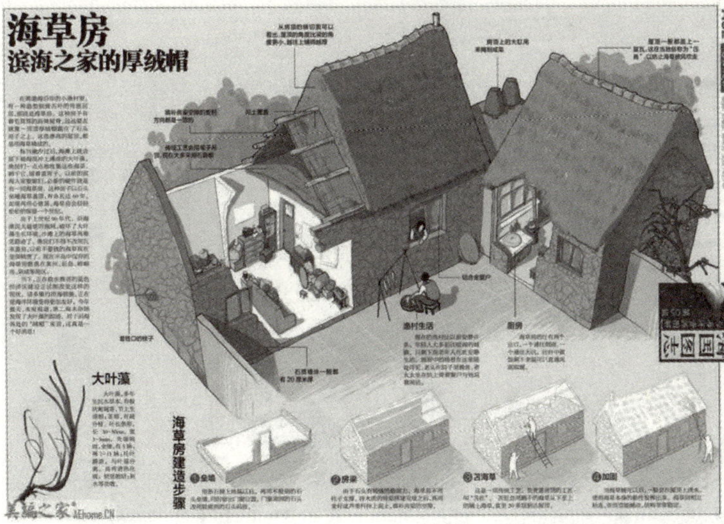


这种新闻性的科普知识报道，版面设计手法多样，有动画的效果、3D模型设计手法等。自2012年12月10日推出至今，已经出版了41辑。《海国图志》从烟台丰富的海洋生物资源入手，向读者全面展现“海国”景象。

## 四、新京报：深度报道和经济类的信息图表

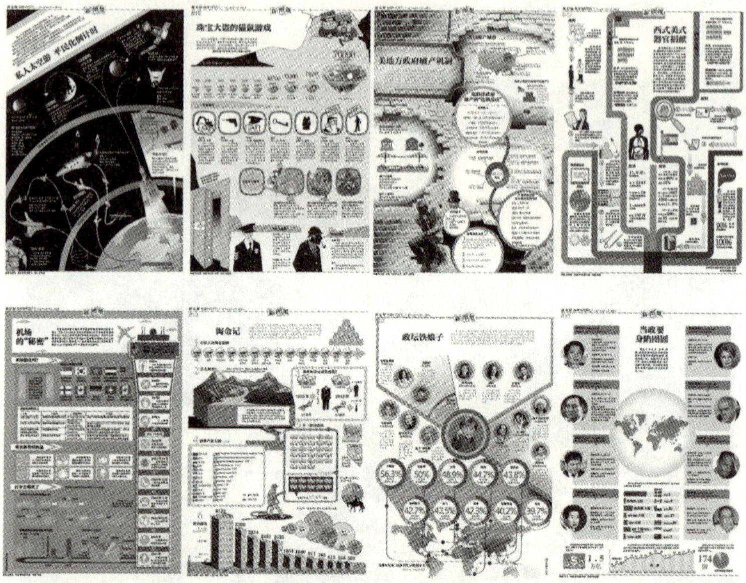

类型 1：深度类

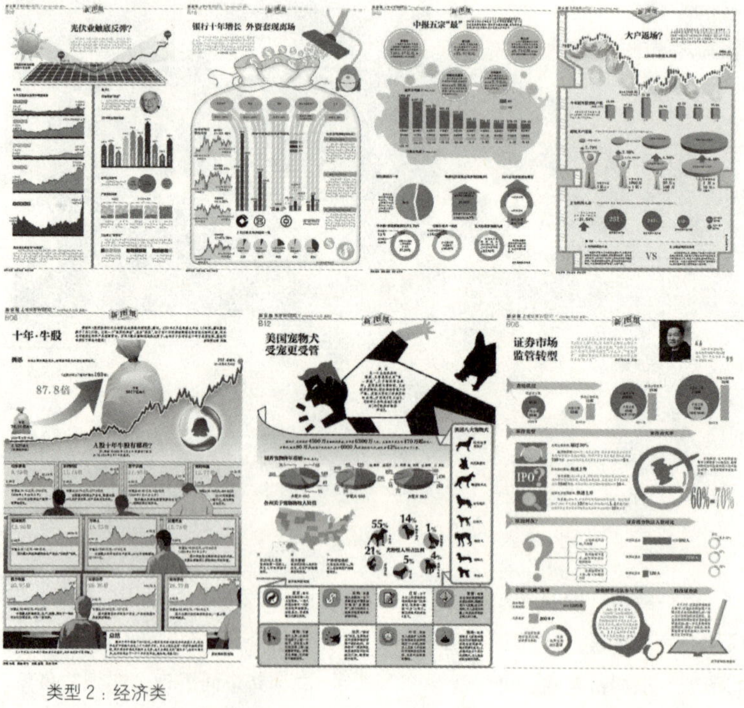

类型 2：经济类

《新京报》的信息图表主要有两种类型，一种是深度报道的图形解释，一种是经济类的数据体现。两种类型的设计手法差不多，都用用平面的方式去罗列数据，色彩跳跃丰富。有别于常规的图表设计方式是加了一些生动的小图标，用小图标加以辅助，让图表更加清晰。

《京华》的财经图解版设计手法跟《新京报》是一样的，就是抓住一个主题，然后用图形、数据铺开，设计手法很平面，只是一种罗列一种表达。不过其效果比《新京报》更加大胆。

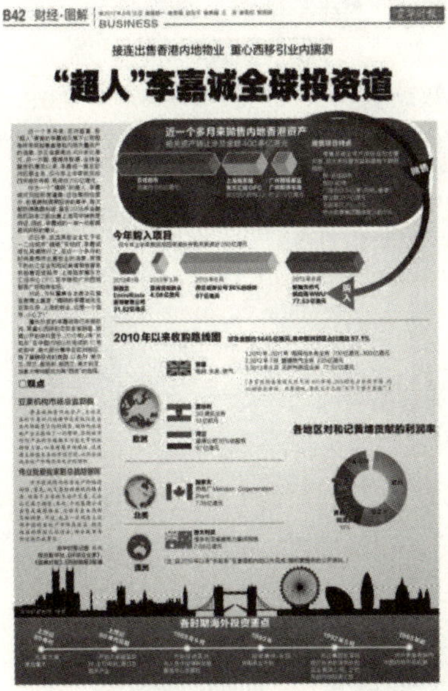
B42 财经·图解 BUSINESS
接连出售香港内地物业 重心西移引业内揣测
"超人"李嘉诚全球投资道

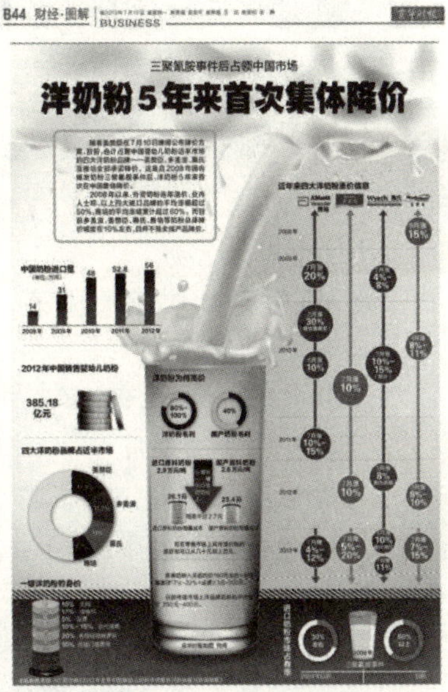
B44 财经·图解 BUSINESS
三聚氰胺事件后占领中国市场
洋奶粉5年来首次集体降价



## 五、《南方都市报》的数据版：政情、民生类的信息图表

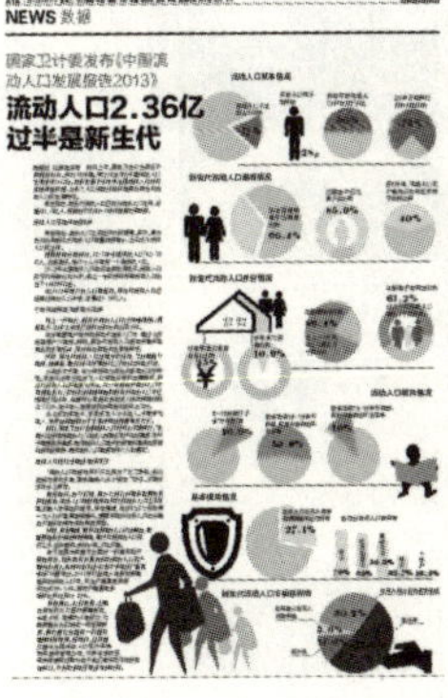
NEWS 数据
国家卫计委发布《中国流动人口发展报告2013》
流动人口2.36亿 过半是新生代

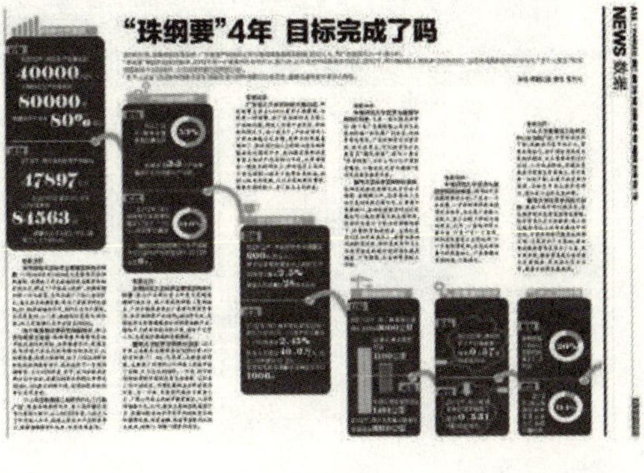
"珠纲要"4年 目标完成了吗
NEWS 数据

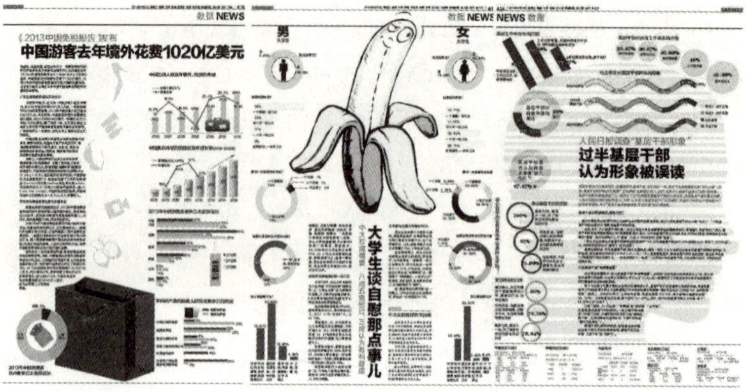




《南方都市报》专门开辟了一个数据版，报道主要围绕政情、民生。以数据带动新闻报道，其设计手法色调艳丽，以平面图表为主，没有多大的立体效果。

## 六、突发新闻类信息图表

主要体现在网站、电视、纸媒等等。有动态也有静态，以3D立体效果还原新闻事件的来龙去脉和后续深度报道为主。

1.美国海军大院枪击事件。新浪设计了一幅图解版，用立体地图结合设计模型的方式述说整个事件的情况，一目了然，而且可读性很高。

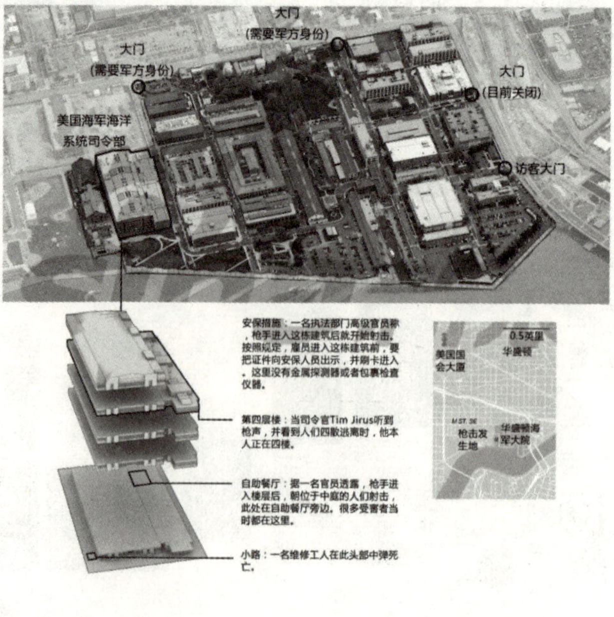

2. 四川江油垮塌桥梁位置示意图。用地图的手法标示出事的位置、配以文字说明情况，这是最常规的设计手法，也是最直接的新闻述说手法，一图顶千字。

## 七、用线条和异形构成的信息图表

下图的设计人员打破了以往通常的柱状、直线图及圆饼，利用圆环来表达数据，能够让人产生视觉吸引力的，同时也与表达的“足球”主题非常契合。

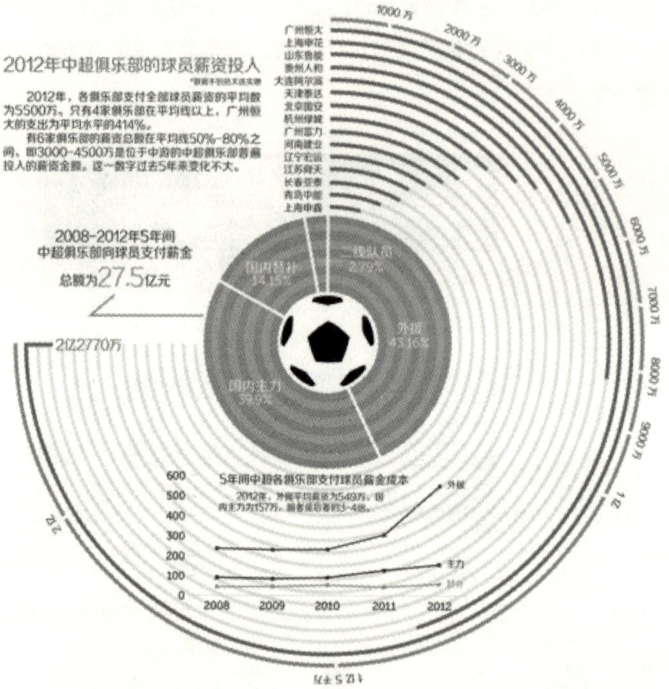


下图中有两个整形数据要传达，一是外科手术类的数量，另一个是非外科手术类量，各个类别又细分了多种整形细项。设计师巧妙地使两个类别形成了一个优美的循环图案，圆点的大小与数量的大小形成比例。中结合的中间位置，适时地标出了合计数据。

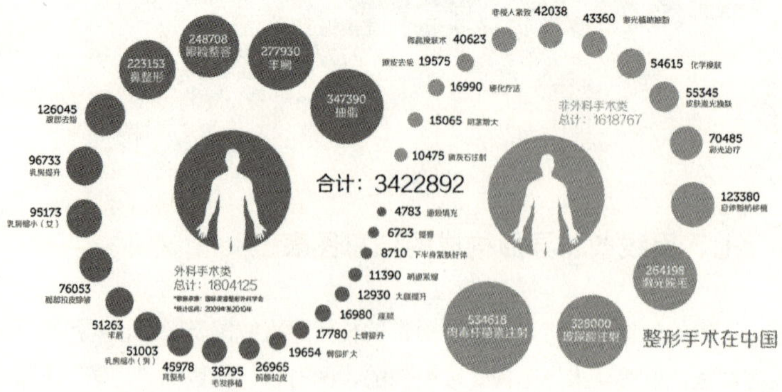

下面几种的设计亮点也在于异形。用不同的形状突出数据，然后画面美观，但是又不影响阅读，从平面中做出立体的视觉效果。

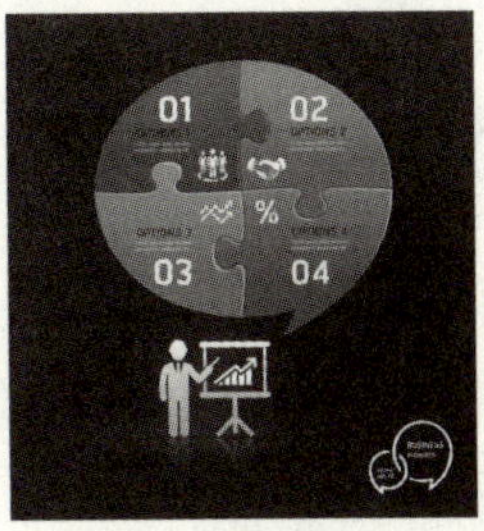

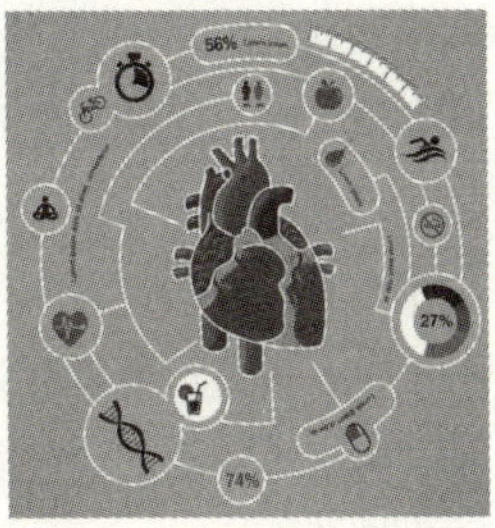


## 八、新浪关于新闻事件始末类的信息图表

新浪对于新闻始末的报道除了文字之外，还用信息图表的设计方式清楚地体现出来。尤其值得一提的是设计师对于新闻的理解力和把握性很好，特别是对数据的整理、色彩的运用、图标图形的设计都堪称完美。

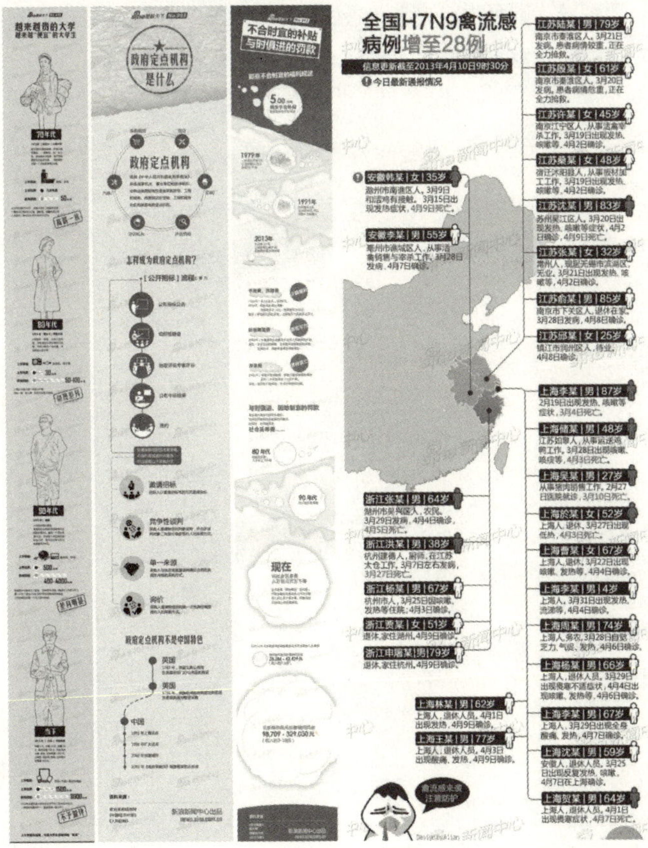

可以说，现在的纸媒设计师如何能够设计出一个好的信息图表已经逐渐成为一项必须掌握的内容。而在表现形式上，可以是平面的，也可以利用 3D 软件设计的很立体很直观，也可以利用传统的绘图手法进行展示。而在设计中，无论是罗列数据，还是进入主题的情景之中，用设计语言形象化地表达。配上数据，让人一清二楚，这才是信息图表的最终目的。万变不离其宗，与其它的平面设计一样，在设计一些信息较多的图表时，有一个视觉焦点，更加容易使人认清主题，引起阅读的兴趣。而且恰当地增加一些插图能够活跃版面，填充空间，平衡视觉，但插图一般在视觉上不能强于信息图表，这就要考究设计师的美感了。另外，在图表设计上应该严谨科学，在比例及对比上符合各个数据的关系，一些基础的饼状及柱状等应该用真实的数据产生，然后再进行美化。



最后，信息图表是为了让数据更容易更清晰地表达，而不是仅仅为了设计而设计。过于着重设计是否漂亮而轻视数据的清晰表达似乎是目前很多信息图表设计最容易出现的一个误区。所以如果读者宁愿看文字而不看你设计的图表，则可判定这个图表设计是失败的，真正的好图表是除了版面美观之外，还能代替新闻、代替图片、甚至代替标题。

（作者系南方日报美编）

# 新媒体时代的信息图表

□赵佳峰　王艳秋

赵佳峰

王艳秋

信息图表并不是什么新产物，它除了在计算机科学、数学以及统计学领域有广泛应用外，也早已应用在报纸、电视等传统媒体中，以独特的方式优化信息的传递，并得到了受众的高度赞誉。

当前，在新媒体平台上，信息图表主要呈现出以下几种形式：静态信息图表、互动新闻设计、多媒体动画等。

无论哪种呈现形式，都打破了传统媒体对版面空间的束缚。海量数据的引入，使信息的构架更加专业、更加全面、更加翔实。从信息含量到信息整合以及信息设计，都有了更大的操作空间。

下面，结合一些国内外媒体在信息图表设计上的案例，谈谈各种呈现形式的信息图表在新媒体平台上的应用，以及国外知名媒体团队在互动多媒体制作上的操作方法。

## 一、静态信息图表

静态信息图表在新媒体上的呈现，实质上与传统纸质媒体并没有太大区别。为了迎合电脑显示器、手机、iPad 平板电脑等浏览终端的操作特点，多以浏览界面宽度为基准向竖向发展，设计成瘦长形。读者在浏览时，可以通过滑动条的上下移动进行浏览。单页面的设计，使信息传递更直接也更有延续性。这样的设计，不仅为读者阅读提供了方便，更能够合理利用设计元素、统一设计风格、有效利用设计语言，最终达到理想的视觉效果。

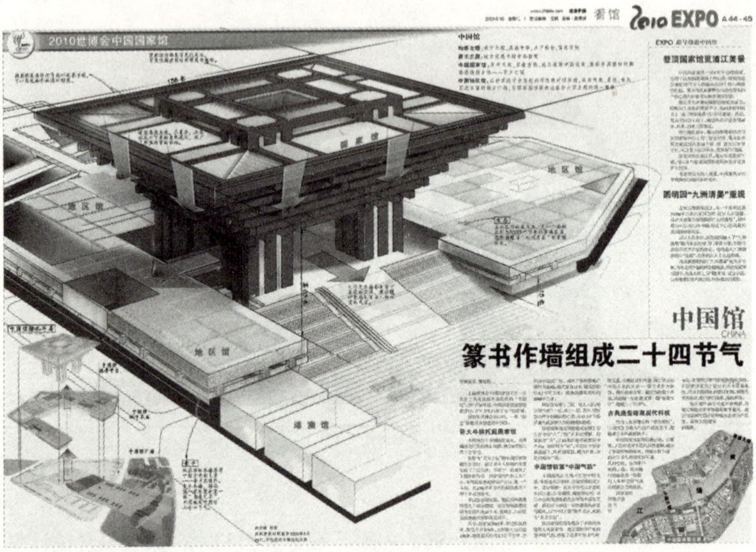
2010世博会中国国家馆
2010 EXPO
中国馆 CHINA
篆书作墙组成二十四节气

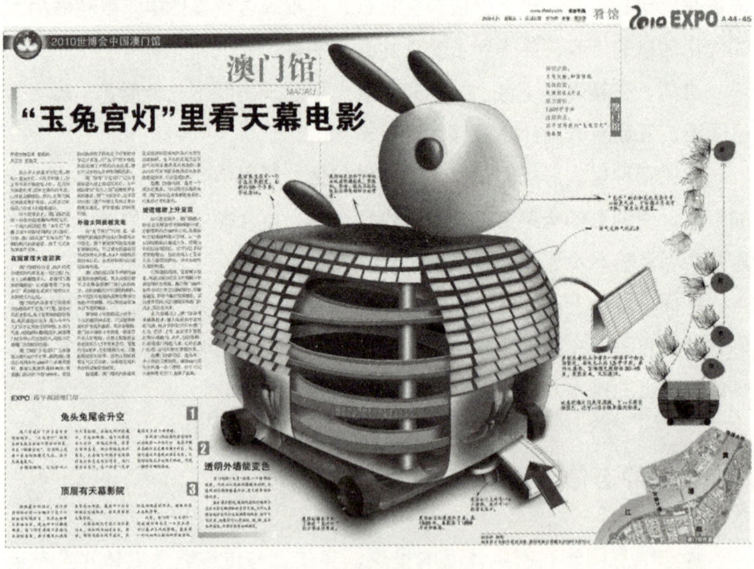
2010世博会中国澳门馆
2010 EXPO
澳门馆 MACAU
“玉兔宫灯”里看天幕电影
兔头兔尾会升空
透明外墙能变色
顶层有天幕影院

《东方早报》在2010年上海世博会前夕，为向读者介绍世博会中各个场馆的看点，推出了一系列的信息图表。由于每个场馆只有两个版面的空间，所以很多信息不能一一展示，只能表现重点内容。如果将其与新媒体手段相结合，在互联网或者移动终端上呈现效果会更理想。

## 二、互动新闻设计

互动新闻设计与以往传统媒体操作思路有较大区别，它是通过运用现代网络技术将海量信息与视觉设计融合成为一个整体，扩大信息含量的同时，也增强了媒体与读者的互动性。同时，还可以根据新闻事件的发展，随时将最新进展所产生的数据进行更新，系统会随着数据的变化自动生成最新的信息图表。

互动新闻设计发展，大致有三大趋势：数据视觉化表现；根据新闻报道的需要，量身打造适合新闻自身特点的程序；延续传统新闻设计中的一些优点。

其一，数据视觉化表现。通过点、线、面的结合，以及色彩的变化，将枯燥的数据以图表、地图、示意图等多种形式呈现给读者。帮助读者更清晰明了地理解各个信息要素之间的关系。在互动新闻设计中，数据会更丰富、更翔实、更专业。很多时候可以将专业调研机构的调查结果，导入到数据库中进行分析、筛选、处理。这是一项极其庞大的工程，也是做好一个优秀互动新闻设计的基础。

其二，根据新闻报道的需要，量身打造适合新闻自身特点的程序。互动新闻设计要围绕着每个新闻的主题展开设计，经常会运用编写的程序作为辅助表现手段。不同的新闻事件都有自身的新闻点及规律，在程序设计上就要遵循各自的不同特点来编写程序。抓住每个新闻事件发展的主干，遵循事件发展的时间、空间、事态发展状况以及数据变化等要点进行设计。

其三，延续传统新闻设计中的一些优点。其中，包括字体的运用、颜色的选择，以及分栏上的一些细节。这些细节处处都给读者传递出一个媒体自身蕴含的特有气质，有助于唤起读者心理对以往纸质媒体时期的视觉系统的认知。

互动新闻设计制作过程复杂，是多部门通力合作的结晶，制作周期相对比较长。所以多用于大型专题报道和新闻周期比较长的报道。

以《纽约时报》为例，其团队名为“互动新闻工作室”，工作室分为3个小组——“图表设计工作组”、“互动新闻工作组”、“多媒体视频工作组”。“图表设计工作组”负责网页中的图表设计制作；“互动新闻工作组”负责提供动态新闻内容；“多媒体视频工作组”由摄影、摄像师组成，主要负责对动态画面的采集和编辑。

完成网页动态图表的制作借助于：Html/css、Java、Flash/ActionScript、

Webprogramming( Rails/Python/PHP )四种应用程序和编程语言的操作完成。

## 三、多媒体动画

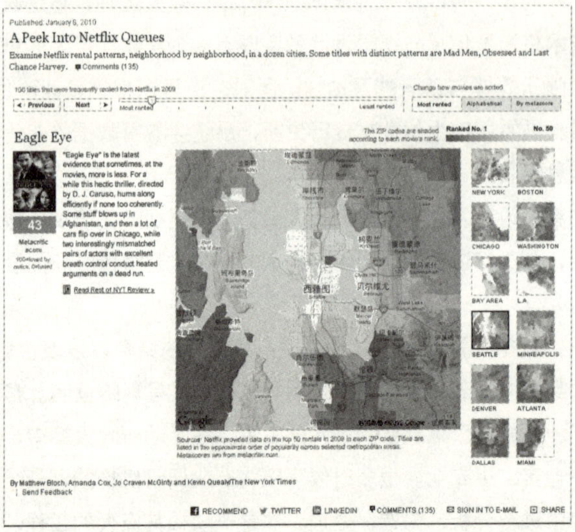


这是《纽约时报》互动新闻的一件作品。讲述的是关于一些电影在美国各地区，从租赁情况看电影受欢迎的情况。

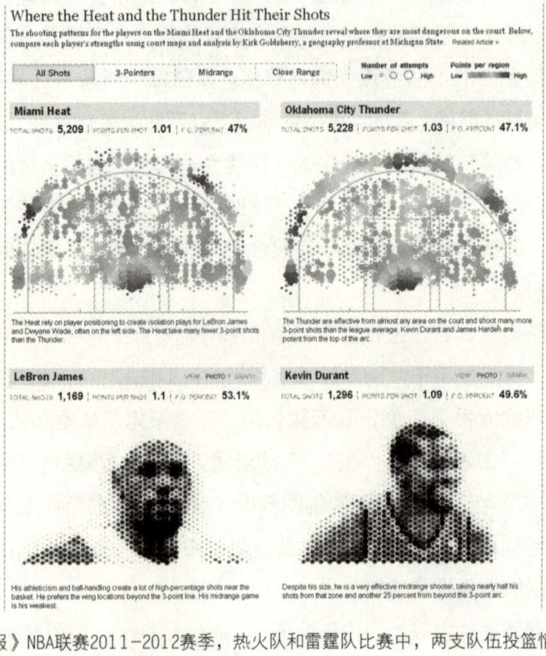


《纽约时报》NBA联赛2011-2012赛季，热火队和雷霆队比赛中，两支队伍投篮情况对比。

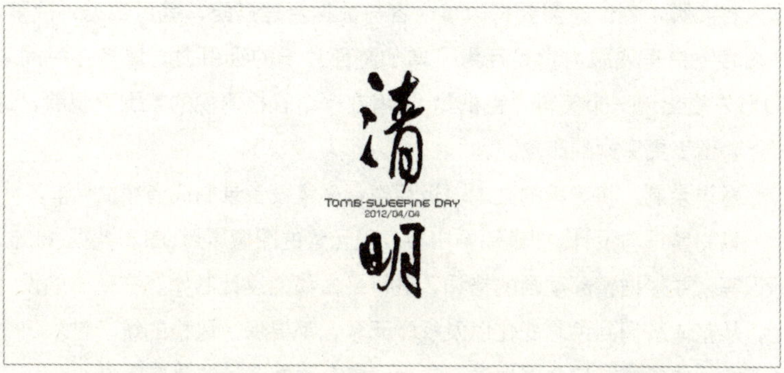

多媒体动画融合了文本、图形、图表、图片、视频、音频等多种信息传递方式，建立良好的人机交互渠道，使读者从音频、视频等多角度接受信息。多媒体动画分为三维动画和平面动画两种，所采用的制作技术大相径庭，每种制作形式也都有自己的独到之处和局限性。三维动画从画面效果上更加富有真实感，可以使读者感受到一些在正常环境下无法看到的视觉画面，大大增强感官刺激。读者可以从宏观到微观，更直观、更全面地了解各个细节。平面动画在制作手法上相对简单，制作成本上相对较低，同时制作时间也相对较短。

《东方早报》今年曾在平面多媒体动画上，做了一些积极的尝试。清明节期间制作了一部 5 分钟动画短片《图表说清明》，运用多媒体动画生动活泼地阐明了中国清明节习俗的由来，并介绍了当今上海人过清明节的习惯和特色。

下面针对这个作品做一个总结。制作一部优秀的多媒体动画就像拍电影一样，制作顺序是从前期策划、解说录制、素材整理与设计、制作动画、后期剪辑再到发布动画，有着一整套严禁有序的工作流程。

前期策划。把握选题的方向和设计格调，完成动画解说中所需要的文本内容。脚本创作时需要将故事内容与数据合理搭配，运用数据讲故事，在内容上更有说服力。并且为了增加整部片子的吸引力，保持在每间隔10秒左右出现一个笑料“包袱”。读者在一个轻松愉悦的氛围下观看，这样能够留下更深刻的印象。

解说录制。将定稿的文本，运用声音采集设备录制成音频文件。

素材整理与设计。搜集动画中要表现元素的图像原形、图表数据、标志、标识等，并根据整部动画的格调，进行平面稿的设计制作。在动画的设计上，从整体基调到色彩变化以及视觉元素，都要保持风格的统一性。每个场景之间的转换衔接合理生动，是保证整个动画流畅的重要因素。



制作动画。依据解说的时间长度，运用flash等二维动画软件设计制作，做到所完成动画的播放进度与解说词每句话所表述的意思步调一致。

后期剪辑。动画制作完成后，将各部分分镜动画进行整合编辑，并加入解说音频、背景音乐和音频特效。

发布动画。将最终完成的动画按照不同终端的需要，输出相对应格式的文件，并上传到网络上进行推广。

以上是一些新媒体中信息图表的运用案例和介绍，相信随着技术的发展以及优秀设计师的不断创新和突破，还会有更多更好的适合新媒体环境下使用的信息图表形式，为读者阅读提供更多方便。

伴随互联网普及程度的进一步提高，以及智能手机和平板电脑的市场占有率逐渐扩大，人们获取新闻的方式一定会发生重大转变。

那么，信息图表在新媒体的大潮中，如何迎合读者的口味，值得业内人士去思考。打造全新的视觉形象、全新的感官体验、全新的交互界面，也将是信息图表设计师们共同的努力方向。

（作者系东方早报美编）

# 为信息穿上感性的外衣
## ——国外信息图形发展简述

□张锦标 赵笑梅

张锦标



信息图形（information graphic），是一种将信息与设计结合起来的图片，它的准确性与艺术性并重，有利于简洁有效地向受众传播信息。信息本身是枯燥的，需通过艺术化的设计手段对其进行美化，为其穿上感性的外衣。这样的信息图形更能吸引人阅读，提高读者的阅读体验。

一般认为信息图形是近几年兴起的，但如果追溯历史，信息图形已经出现很久了。《视不可当》一书称，公元前 3 万多年，在法国南部的洞穴里绘制的动物图像是历史上最早的信息图形。但对信息图形经典佳作的赏析，笔者更愿意从文艺复兴开始谈起。

### 一、文艺复兴时期的信息图形

信息图形是科学与艺术的结合品，而文艺复兴是一段科学与艺术的革命时期。随着科学的进步，很多优秀的信息图形诞生在文艺复兴期间。如达芬奇的机械设计图、军事设计图以及医学解剖图等大量优秀信息图形的手稿留传了下来。

受当时知识水平的限制，达芬奇在绘制《子宫内的胎儿》时认为人类的子宫在某种程度上与植物类似，在他所描述胎儿的图像中把子宫表现得像花瓣一样打开。尽管达芬奇在这张图形上描述的与真实情况相左，但是

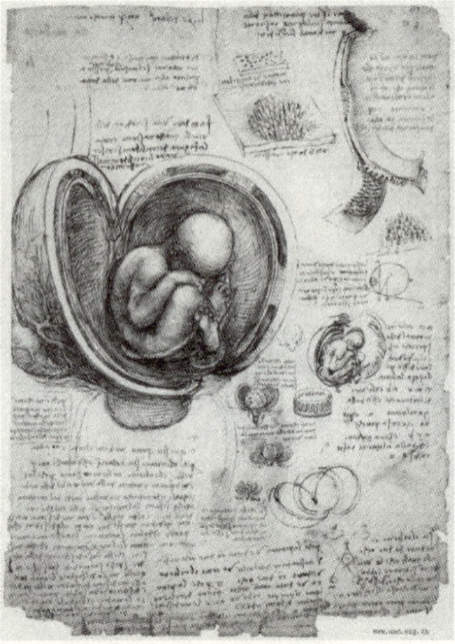

《子宫内的胎儿》达芬奇

从信息图形的制作来说这是一张优秀的信息图形。该图形运用了图与文结合的方式，形象、准确地表达了达芬奇的观点。达芬奇用视觉语言传达信息，使人更容易理解信息，具很高可读性和艺术性。图片的右下角运用了几个圆圈表现出花瓣的打开，运用一种抽象的图形表达出动态的过程。达芬奇描绘的精美图形使得冷冰冰的科学研究充满了感性的艺术气息，总的来说信息图形表达准确、形式漂亮、阅读方便。

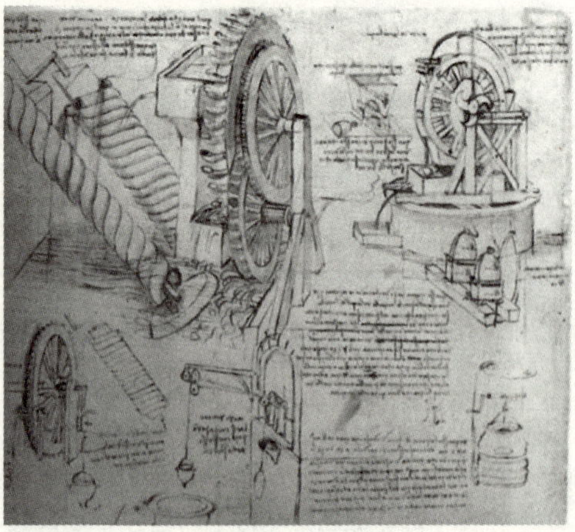

达芬奇的机械设计

除了科学和艺术的进步，思想的解放浪潮使得人文领域留下很多经典之作，如《纽伦堡编年史》中“圣罗马帝国皇帝亨利二世的族谱”图，它用树状的模型喻示着不同辈分家族成员的关系，通过生动的绘画人物展现出家族的族谱，并配上盾牌徽章，制作形象、层级分明，比起纯文字的族谱要直观感性得多。

## 二、工业革命时期的信息图形

工业革命时期，数据的统计变得越来越重要，统计学科产生并逐步发展起来。数据信息比一般的文字信息更枯燥。统计学科的各种统计报表中数据繁多、无味。这就要求更直观易懂地表现信息数据，饼图和柱图就是在这个时期应运而生的。



通常认为，1801 年苏格兰工程师威廉·普莱费尔（William Playfair）在其著作《统计学摘要》里第一次使用线性图、饼图和柱图等来表现数据，开了数据可视化的先河。

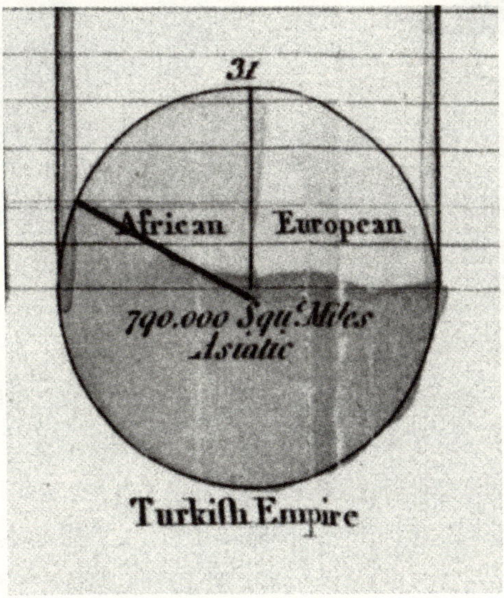


上图是已知最早的饼图，由威廉·普莱费尔于 1801 年在《统计学摘要》中所作，描述了 1789 年以前土耳其帝国在亚洲、欧洲及非洲中所占的比例。

饼图虽然被发明，但当时应用的人并不多。在饼图的应用上不得不说的是弗罗伦斯·南丁格尔（Florence Nightingale）。19世纪中叶克里米亚战争爆发，南丁格尔志愿奔赴战场，期间大量士兵死亡。南丁格尔回到英国后开始收集资料，她分析大量的军事档案，并使用了饼图来作说明，指出在克里米亚战争中，真正死在战场上的人反而不多，更多的是受伤、生病后没有适当的护理而死。通过直观的饼图的应用，南丁格尔向不会阅读统计报告的国会议员，报告了克里米亚战争的医疗条件等信息。

在饼图的基础上，南丁格尔发展出极座标图，相当于现代圆形直方图（如下图），冰冷无味的数据，一经这样处理，顿时变得感性和充满了动感。用今天的眼光来看，南丁格尔不仅是优秀的护士，也是数据可视化信息图形的先驱。据说南丁格尔早期大部分声望都来自其对数据清楚、准确的表达。

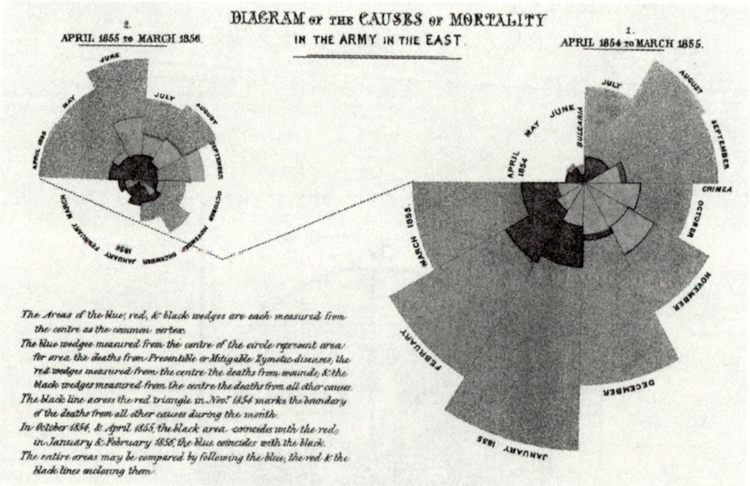


上面右图的数据是从 1854 年 4 月到 1855 年 3 月，左图的数据是从 1855 年 4 月到 1856 年 3 月。图中用色块表示了表示了士兵死亡原因：蓝色（外）区域表示因可预防性疾病而死、红色（内）区域表示因受伤而死、黑色区域表示因其它原因而死。1854 年 10 月和 1855 年 4 月，黑色区域和红色区域基本一致，1856 年 1 月和 2 月，蓝色区域与黑色区域基本一致。1854 年 11 月红色区域中黑色线条表示的是因其它原因而死的边界。

除了饼图、柱图和线性图，各种各样的信息图形也在这一时期出现，如桑基图，下面这张是桑基图是历史上非常有名的一张图。它是关于拿破仑入侵俄罗斯的信息图，由法国工程师查尔斯·约瑟夫·密纳德（Charles Joseph Minard）于 1861 年绘制。如果把字体换一下，形式上就很现代，一点都不像是150多年前制作的信息图形。这幅图片在的二维图像上显示多个变量，包括军队的规模、地理坐标、纬度和经度、军队的移动等信息。图中浅色线条区域表示进军，黑色线条区域表示撤退，线条越粗军队的规模就越大，图形下方附有经纬度、气温等信息。

一张优秀的信息图形，是将信息简化并用视觉语言传达，使人更容易理解。它需要准确、可读并且具有艺术性。这张图就完全符合了这个标准。信息图形跟一般的图形、图片不一样的地方在于其原本是数据、文字等信息，但通过设计的手段使得这些数据、文字变成图形，以使得人阅读得更轻松、高效，以达到“悦读”的目的。

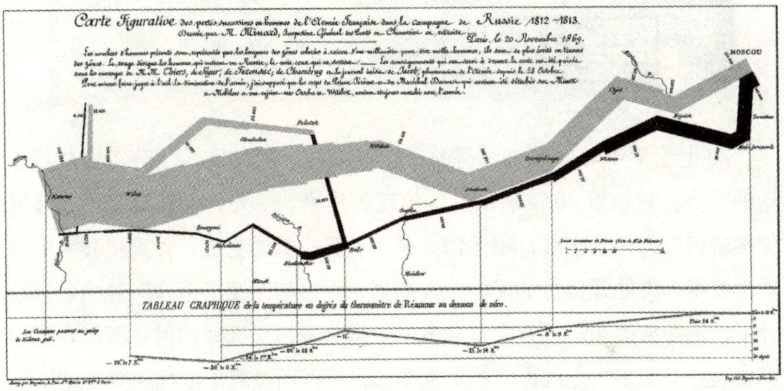


## 三、20世纪以来的信息图形

20世纪以来出现很多新的信息图形，它们包含的信息很多，逻辑上更具复杂性。但形式上，则依旧是用各种的图形元素架构起来的，众多视觉元素，包括色彩、文字、大小、形状、透明度等自由组合，使得信息图形犹如艺术品一般动人，力图提高信息图形的传播效力。

1931年，亨利·贝克（Henry Beck）完成了历史上第一张用信息图形显示的伦敦地铁站地图。亨利·贝克借鉴电子线路图设计出这张地铁站地图。他通过反复推敲，利用不同的色彩标明不同的地下铁线路，用圆圈标明线路交叉地点，设计非常的简明扼要。该图摒弃具体的线路长短比例和冗余的视觉元素，使乘客一目了然，非常易懂、美观，具有很强的视觉传达的功能性。此后，类似伦敦地铁站的地图便开始风行世界。现在的广州地铁路线图的设计也是沿袭了这张地铁站地图。

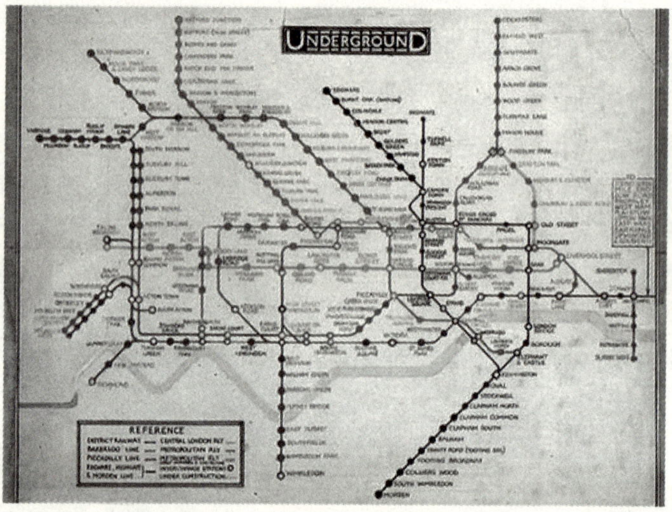




20 世纪下半叶以来末，得益于计算机技术的发展，信息图形获得了新的发展，其中以 3D 信息图形的出现为代表。此外，大量基于不同逻辑架构的信息图大量出现，很多作品是由计算机算法生成。计算机技术的出现也使得人类处理信息的能力大大增强，很多信息图形是在大量的数据统计下，用抽象的图形元素架构起来的。越来越多交互式的信息图形在网络上出现。下图是一个网页上的信息图形，可以通过点击鼠标获得互动。

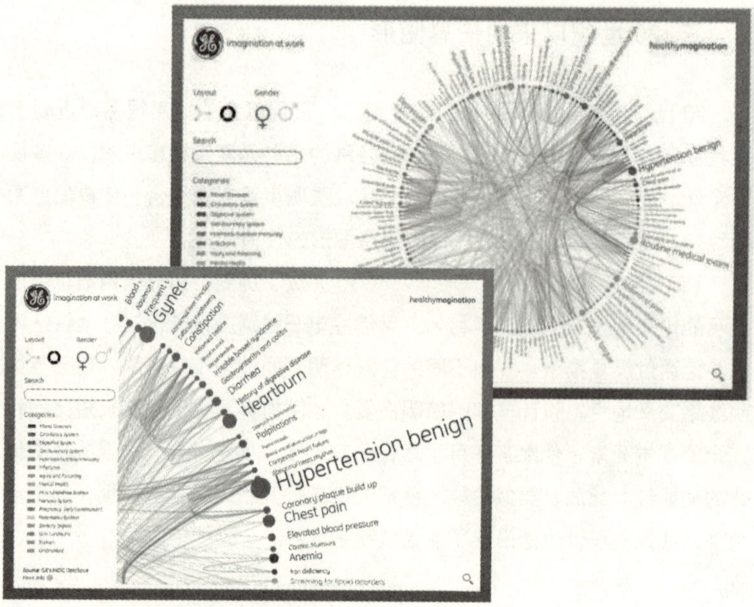

这张信息图形是由麻省理工 Senseable City Lab 团队设计的，图中说明了各种身体状况之间的关系，它的数据来自美国通用电气的专有数据库，包含了 720 万个病人的病历。它试图回答这样的问题：当你的心痛，你还觉得恶心吗？通过考察不同的身体状况，可以获得不同的状况联想。图中圆圈外围是各种身体状况的名称，通过不同颜色的线条把这些相关的身体状况连接起来，整体非常抽象、好看。色彩斑斓的线条就像一件披在数据上面的外衣，非常具有艺术气质。这个数据库建立后可以为人们的身体状况提供一个有益参考。



## 四、结语

信息图形作为科学、设计和艺术三学科的交叉领域，未来的发展蕴藏着许多可能性。历史上信息图形随着科学、艺术的发展而发展，相信未来也会一样。紧跟科学、艺术的发展潮流才能使信息图形的设计更出众。随着科学的发展，未来人类可以处理的信息将越来越复杂，需要更高超的技术手段才能为其穿上感性的外衣，笔者愿与有志于信息图形制作的各位共勉之。

（作者系南方日报美编）

**参考文献：**

1.（加）Mark Smiciklas:《视不可当:信息图与可视化传播》，人民邮电出版社，2013 年。

2.（美）Manuel Lima：《视觉繁美：信息可视化方法与案例解析》，机械工业出版社，2013 年。

# 好的版面，受众会有怎样的眼动？

□吴俊

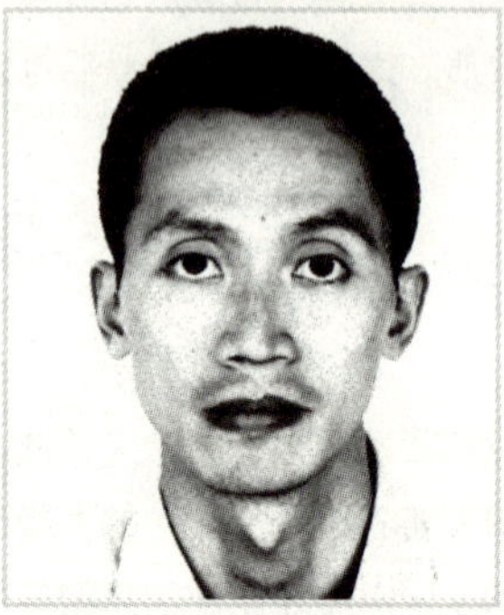

吴俊



## 一

眼动是心理学中的一种精密测量技术，用来记录人们在阅读及观看图片等视觉行为中的认知加工过程，目前精度已经达到毫米级别，能够用来深入分析细致的心理现象。不过由于眼动研究起步较晚，以致眼动技术在用户体验和人机界面等领域的应用研究比较滞后，本文简单介绍眼动技术的发展并以报纸阅读为例说明眼动技术最新的应用方法。

早在130多年前，法国研究者Javal就发现人们在阅读的过程中，眼睛视线并不是匀速滑过所注视的文本，而是在某个文字上停留一段时间（0.3秒左右），然后迅速跳到下一个注视位置。他把视线停留的阶段称为注视点（fixation），把两个注视点间的快速眼动称为眼跳（saccade）。Javal等人的研究方法是在卡片上打小孔，并在卡片后方通过这个小孔观察人们阅读卡片上文字的眼动行为，由于缺乏精密的眼动工具，早期的研究进展很慢。

随着计算机技术的进步，从1975年开始，在美国麻省大学，Rayner教授的系列研究逐步带动了世界范围内眼动研究的热潮，也正因为这个原因，Rayner教授被尊称为“眼动之父”，笔者有幸作为联合培养博士生在Rayner教授的眼动实验室完成博士论文。

目前眼动理论的建构主要集中在三个方面：文本阅读（阅读一行或多行文字）、视觉搜索（在多个相似刺激中搜索目标刺激）和场景知觉（自由浏览真实场景的图片或者在真实场景图片中搜索物品）。其中文本阅读是研究最深入的领域，主要原因是阅读给出了明确的视觉认知加工任务和容易控制的语言环境，加上阅读过程是线性的，只需要在一维空间解释眼跳位置，因此可以集中考察语言因素（词频大小、语境、语义冲突等）和眼动注视点持续时间的关系。视觉搜索和场景知觉与眼动应用联系更加紧密，不过由于这两个任务需要在二维空间中解释眼跳位置，场景知觉还难以控制干扰变量，加大了研究的复杂性，因此研究阻力更大。由于近年来眼动应用的需求在不断增加，涌现出越来越多视觉搜索和场景知觉的研究，从而为眼动的应用研究提供更多的理论支持。



眼动理论主要解决两个问题：哪些因素影响当前注视点的持续时间？哪些因素影响下一个注视点的位置？

其中第一个问题的研究更加深入和完整。目前研究表明在人们接收到眼跳开始信号和眼球实际开始跳动之间有一个时长为 0.15 秒到 0.175 秒的延迟，这段延迟被称为眼跳潜伏期，影响眼跳潜伏期的因素很多，认知因素对眼跳潜伏期的影响要比随机因素小，只有通过统计的方法，让随机因素相互抵消，从而凸显出认知因素的影响，如生疏词汇上平均注视点持续时间要比熟悉词汇上平均注视点的持续时间长 0.02 秒左右。下一个注视点位置的选择是在当前注视点加工过程中确定的，观察者选择的下一个注视点一般是进一步信息加工的最佳位置。

理论是为应用服务的，眼动的理论知识应该如何支撑眼动的应用研究呢？下面通过报纸阅读的认知加工过程说明眼动技术的最新应用方法。

## 二

很少有人会拿一份报纸从头到尾、主次不分地逐字阅读，也很少有人会只看报纸上的图片或者标题，而从不看一篇完整的报道。因此绝大部分读者在阅读报纸的过程中都是使用选读的方法，即先大致浏览位于不同版块的标题和相关图片，并判断是否有必要阅读正文内容，然后对自己感兴趣的正文内容进行不同速度的阅读（细致阅读或快速阅读）。

报纸阅读的认知过程可以分为宏观和微观两个层面。在宏观层面上，读者通过阅读标题和图片的方式迅速搜索自己感兴趣的主题；在微观层面上，读者选定一个版块进行阅读，以获得当前主题更加详细的信息。用眼动研究报纸阅读也应该分两个层面进行，一方面需要研究报纸的版块布局、标题样式、标题类型、图片组织方式等影响读者主题搜索的要素，另一方面需要研究每一个版块的具体呈现形式，如加粗段落主题句以方便快速阅读的需要、小标题在不同阅读速度下的作用、图文结合对不同速度阅读的影响等。

和微观因素对比，报纸阅读的宏观因素更加重要，如果读者由于版面设计的原因未能找到感兴趣的主题，当然就不会进入微观的层次进一步阅读了。



通过眼动仪获得的眼动数据能够直接给出注视位置和注视时间，单个读者的眼动数据能够直接表达（图 1），不过几十个读者的眼动数据叠加就最好用热点图（heat map）进行表达（图 2），热点图中暖色调区域代表注视时间长的位置，而冷色调区域代表注视时间短的位置。对不同呈现条件下热点图的分析能够告诉我们这些条件对注视的导向作用，例如通过给新闻标题加粗，来考察是否加粗的标题能够吸引到更多的视觉注意。

图 1 单个读者眼动轨迹图

图 2 30 位读者眼动数据叠加热点图

除了眼动热点图外，每张图片本身还具有特征热点图，即根据图像本身的物理特征（如颜色、亮度、线条指向、边界、深度等）所构造的热点图（图

3）。特征热点图可以为眼动提供向导的作用，实验表明人们的眼动热点图和图片的特征热点图并不能完全重合，由于设计的原因，并不能保证所有重要信息都能呈现在特征突出的区域。除了眼动热点图和特征热点图，还需要产品用户圈选出重要性热点图（图 4）。

图 3 特征热点图

图 4　30 位读者圈选的重要性热点图

这三张热点图（眼动热点图、特征热点图和重要性热点图）的重合情况越好，说明设计越到位，因为这时用户的视觉只会停留在重要的内容区域上，并且不会受到无关信息的干扰。通过对这三张热点图在不同条件下的对比，不但能够提供设计优劣的数据支持，还能够提供进一步的修改意见，比如指出某些重要信息的设计不够突出而另外一些无关信息吸引了大量的注意力等，设计者能够根据修改意见对指定区域进行完善。

通过三张热点图的对比，还能够得出不同版块获得注意力的比率，这个比率能够说明不同版块在吸引注意方面的能力。但是通过这三张热点图还不能获得版块的注视次序，即哪些版块先被注视，哪些后被注视。这是因为眼动热点图把某一图片的所有读者眼动数据叠加到一起，这种方式在简化数据分析的同时损失了时间信息。为了找回时间信息，可以把读者浏览报纸的时间分为前中后三段，然后把眼动数据按照时间段分别叠加，通过比较不同时间段注视版块的差异，获得版块浏览次序的数据。可以根据版块注意力分布数据和浏览次序数据，通过加权计算出不同版块的重要性程度，然后和这些版块中内容的重要性程度进行对比，版块重要性和内容重要性吻合的设计是更加合理的方案。

在报纸阅读的微观因素研究上，可以首先考察提高快速阅读效率的呈现方式，如用粗体或斜体突出每段的关键句，增加小标题的引导作用，改变行距和行宽等，如果正文内容的呈现方式在快速阅读中都能够清楚明了，那么在正常速度的阅读下就会更加简明。微观层面上还可以考察留白和框线对阅读的引导作用，以及图文混合排版中，和文本内容相关的图片是否会获得更多的注意力。



报纸阅读的眼动研究还可以和视觉搜索任务相结合，即先给读者呈现一个关键词，然后让读者在接下来呈现的报纸标题或者正文中搜索这个关键词或者这个关键词的同义词，通过计算搜索速度和搜索距离评价不同设计方案的优劣。

另外，眼动技术也能够和脑电（ERP）、功能核磁（fMRI）技术结合起来进行神经测评方面的研究，考察瞬间加工的时间进程及无意识加工的强度。不过由于脑电及核磁技术本身的局限性（如实验设计复杂、周期长、成本过高等），影响了这些技术在应用领域的使用和发展。

## 三

华南师范大学心理学院用户研究中心专注于使用最新眼动理论成果研究用户体验和人机界面，我们使用台式、便携式、头戴式、场景式等各种不同的眼动仪，测试用户在产品使用中的认知加工过程，从认知负荷、无意识及潜意识等心理理论上分析用户的体验，并提供设计的评价和修改意见，在用户研究的眼动技术领域走在国际前列。

当前正处于眼动研究应用化的高速发展阶段，随着眼动技术的进步和眼动仪便携性的加强，眼动技术会继续深入各行各业，为传媒领域、设计领域、网络领域、游戏领域、工业产品领域、广告领域等提供新的分析手段和高可靠性的完整测评方法。

（作者系广州华南师范大学心理学院讲师、美国麻省大学 Rayner 眼动实验室联合培养博士、英国南安普顿大学 Liversedge 眼动实验室博士后）

# 台湾传媒

## 台湾传媒

# 融合发展 危中寻机

## ——台湾传统媒体转型发展考察记

□孙爱群

孙爱群



## 编者按

本文作者于7月30日至8月8日参加由广东省台办、广东省政府新闻办联合组织的广东新闻媒体赴台交流团。这是近年来广东省新闻媒体组团赴台交流规模较大的一次。广东媒体交流团先后参访联合报系、TVBS电视台、大爱电视台、新北市外勤记者协会、新北市政府新闻局等媒体及服务管理部门。双方就新闻传播的转型发展与创新、媒体的管理与服务、媒体的社会责任与人文关怀等全媒体时代新闻传播的前沿课题，进行交流探讨。

## 台湾业界转型发展总体印象

*强烈的危机意识和生存压力，促使台湾业界奋力寻求转型发展，这种意识来得比大陆同行更早、更强烈且更为坚决。台湾业界谋划转型发展，以联合报系为典型，走的是“坚守本业、融合发展”之路。*

此次活动，省里只是宽泛地指定任务——与台湾主流媒体进行交流，并无明确主题。然而，同处媒体大变局时代，两地同行的交流，不约而同地聚焦媒体的转型发展与创新。总体感觉是，粤台两地传媒业的发展生态环境不同，而碰到的发展问题却一样。新兴媒体的迅猛崛起、移动互联网新技术的狂飙突进，对传统媒体的剧烈冲击，在2012年全然凸显，报纸的发行、广告均呈较大幅度下滑。台湾报业过度的自由竞争，更加剧其衰落态势，业界人士称：台湾的报纸都亏得一塌胡涂。中国时报资深记者洪庆林对此感触犹深，他说，报社只能通过裁员降低成本，鼎盛时期的中国时报，员工达5000多人，薪酬、福利也很不错，而现在报社员工仅千人左右。联合报系是台湾报业的佼佼者，但2012年营收、利润均下滑缩减，今年以来则不可阻挡地出现亏损。联合报副社长颜光佑颇感无奈：我们报纸同行都是难兄难弟啊！

然而，正是这种强烈的危机意识和生存压力，促使台湾业界奋力寻求转型发展，这种意识来得比大陆同行更早、更强烈且更为坚决。联合报系在5年前就着手全力谋划全媒体转型发展，2010年七八月间，联合报系社长项国宁（时任报系发言人、联合晚报社长）率领报系高层管理团队，遍访欧美、大陆，寻求转型之道，期间也到访南方报业传媒集团。如今，联合报系已构建起全媒体传播的运作发展模式。走进联合报系宽敞的编辑大楼，仿如进入电视台的直播大厅，数十个电视屏幕环形悬挂，滚动播放联合报系网络电视新闻及台湾各电视台节目。这里实际就是报系的线上编辑部，与各报编辑部同时运作，随时可联系报社外勤记者作网络电视直播。

台湾业界谋划转型发展，以联合报系为典型，走的是“坚守本业、融合发展”之路。颜光佑称，未来，报纸仍将是重要的媒体，联合报系将一如既往坚守本业阵地；但在数位汇流时代，只有融合新媒体，向全媒体转型发展，报纸才有未来。中国时报更是抢先融合转型，早在2005年报业告急之时，中国时报即收购了中天、中视两家电视台，成为一家以报业为核心的跨媒体集团，此后电视台的营收成为中时媒体集团的主力。TVBS是台湾电视业界翘楚，20多年来一路领先，如今也不例外地受到新兴媒

联合报系大编辑台总编辑区



体的挑战。TVBS执行副总经理杨盛昱却不认同挑战之说，他认为媒体只有表现形态和技术手段之异，没有新老之分，融合发展就都有机会。比如，台湾禁止电视节目内容出现商家广告，纸媒则无此禁，TVBS就通过办期刊杂志，配合电视运营，形成循环发展生态。以此为思路，TVBS探索全媒体融合发展，从电视到网站、移动互联网各类终端，直至纸媒，成功大融合，形成传播介质各具特色、优势互补的文化、新闻传播产业链。

## 联合报系的转型探索

从打造联合线上数据库，扎实推进转型基础工程，到创办开播联合报系电视（udn tv）；从传播方式转型、人才转型到赢利模式转型，坚定不移走“融合发展”之路，如今已成功蜕变为多元运营发展的全媒体集团。

联合报系创办人王惕吾的名言“正派办报”是联合报系坚守至今的办报理念。联合报系与南方报业也有合作关系，2010年7月份，项国宁社长带队参访南方报业，双方就报纸转型发展进行座谈探讨。双方无论是办报理念还是经营规模，颇有相似之处。因此，联合报系的转型探索可资借鉴，有几大举措值得关注。

**1. 整合报系内容、人才资源，创办联合报系电视，宣告报系正式蜕**

变为全媒体集团。

此次参访联合报系，可谓恰逢其时。广东媒体交流团于7月31日下午到访，翌日即8月1日，作为联合报系转型发展的重要标志——udn tv正式开播。当天的开播仪式就在联合报系文创大楼多功能厅，也就是联合报系线上编辑大厅举行。

udn tv就是联合报系电视。而其品牌描述却是“不只是电视 udn tv，beyond tv(超越电视)”。联合报系董事长王文杉亲自出镜推介：

“很高兴告诉您，朋友，udn tv开播了！

任何时间，任何载具，udn tv都提供高画质的内容服务。

联合报系的优质能量，透过udn tv的转化，进入新的媒体世界，让影音新闻多了联合报系60年的厚度，让影音节目多了人文的趣味，深入的思考，与社会的责任。

udn tv是联合报系最年轻的成员，也是一个创新服务的诞生。udn tv不只是电视，更代表全方位、全媒体、全形式的多元服务，要实现beyond tv的目标。”

简而言之，udn tv就是联合报系在数位汇流时代全力打造的全媒体传播平台。摘录《联合报》相关的推介文字，可能有助对udn tv及联合报系转型心路历程的了解：

“很多人以为联合报“只想办电视”，但其实联合报想做的“不只是电视”，不论在形式或内容上，udn tv 都希望追求 beyond tv(超越电视)的目标。

回首过往，有线电视开放、网路与数位媒体兴起、行动通讯成熟、社群网路盛行……传统媒体不断面临严酷的挑战，稍不慎便有灭顶之虞；但联合报系将威胁视作机会，持续推出新服务，例如联合新闻网、手机版udn mobile、iPad 版联合报Plus 等，求新求变，试着满足社会大众的多元需求。

随着高解析度影音、行动宽频、卫星定位等技术问世，科技的升华，联合报有进一步贴近读者的机会，设立高画质影音平台的构想也应运而生。经过五年数位汇流的努力，udn tv 终于与大众见面了，报系达成了“全媒体”的初期目标，而记者也可以“用最合适的方法，说一个好故事”。

但电视只是udn tv 呈现的形式之一，并不是全部，除了在数位有线收视udn tv的频道外，智慧型电视、MOD、网际网路等平台，也能观赏到udn tv的直播或随选节目。未来 udn tv 将积极研发，让使用者能随时随

联合报系新闻棚

地享受任何载具的即时服务，不只提供影音、文字与图片，还会强化搜寻、互动、社群与资料库功能，让 udn tv 全方位贴心服务大众。”

可以说，udn tv 的开播，是联合报系执著“坚守本业”、奋力“融合发展”的结果。历经 5 年，成功地整合了报业的内容资源和人才资源，成功地让报纸内容转型升级，让报业人才转型升级。身为掌门人的王文杉董事长逢会必讲：“不仅报系这艘大船要转型，船上的人更要跟着转，否则就会落水。”颜光佑副社长介绍，人才转型最难，需自上而下推促，还有是生存危机的逼迫。我们办 udn tv，无须到电视台挖角，人才、团队包括主播、主持人、内外勤采制人员，都是报业人才转型而来。大陆新闻中心主任刘秀珍更是感同身受，她说，报人转型十分艰难，但不转就会被淘汰。现在，全报社已有 80% 以上人员成功转型，外勤记者能写、能拍、能录，还会剪辑画面，必要时还要直接上镜直播新闻，记者采集的新闻，通过全媒体平台多次传播，充分体现其价值。

2009 年 12 月，联合报系将原位于台北市中心的采编总部迁至现址的新北市汐止区。现采编大楼更宽敞，按线上编辑部集采、制、播多功能的要求设计，打通隔墙，无障碍办公，为全媒体融合发展提供良好的办公条件。

**2. 打造联合报系线上数据库，既为报系全媒体转型提供内容支撑，也可为用户提供收费服务。**

联合报系的融合发展，发轫于2000年创立联合线上股份公司。联合线上2006年挂牌上市，主要事业体包括“联合新闻网”及“联合知识库”，目标是成为中文市场顶尖优质内容提供者，通过资源整合及市场开发，提供多元、全面的资讯服务。

联合线上数据库实际就是联合报系转型的基础性工程，历经13年精心打造。2010年联合报系高层团队访南方报业时，联合线上技术总监通过PPT演示，展现了联合线上的发展蓝图，令人印象深刻，颇受启迪。如今，这个数据库已颇具规模，成为报系转型至关重要的项目。依托新闻数据库而创建的联合新闻网，整合来自联合报系的联合报、经济日报、联合晚报、世界日报、欧洲日报等海内外发行的五大报内容，有效链接全球五大洲各主要国家和地区3478个网站，向全球华人提供专业的线上及移动新闻资讯，成为台湾新闻网站内容最专业、最多元化的数位媒体网站。



联合报创办至今已62年，数据信息量十分繁巨，联合线上数据库分门别类归纳整理，变成宝贵的信息资源，既为报系转型提供必要的内容支撑，也可为用户提供信息收费服务。目前，固定的会员用户已有6万多个，会员多为政府机构和企事业单位，每年收取会员费，数额可观，会员用户可共享数据库信息，定制服务设立项目另行计费，形成可持续的盈利模式。

**3. 利用全媒体传播，营销品牌影响力，实现赢利模式转型。**

赢利模式转型，是报业转型的重要课题。营销品牌影响力、拓展关联产业，让影响力变成生产力，让品牌产生价值，形成生态产业链。这是近年来传媒业追捧的赢利模式，传统报业更是热衷此道，特别是全媒体传播时代，影响力营销舞台更广、机会更多。事实上，像台湾的华文报媒一样，海外有影响的华文报媒，仅靠一般的商业广告收入早已难以为继，都在努力寻找新的赢利模式。其中，最有效的途径就是营销品牌影响力、拓展关联产业，如活动产业（包括展览、表演、会展、论坛）和教育产业等，成为报业重要的收入来源。

联合报系一直非常重视品牌关联产业的拓展，他们坦言，那次访南方报业，目的就是学习取经。这方面的拓展，两大集团各具特色，也都取得可观的经济效益，成为报业集团营收的重要组成部分。因此，当时两大集团的交流探讨颇为投机，有的话题甚至已在探索合作的可能性。项国宁事后感慨道：大陆印报纸，就像印钞票！他认为，在全媒体转型发展的大背景之下，品牌影响力营销也须转型发展，报业才能做大做强。

以“正派、创新、关怀”为办报理念的联合报系，借助其深厚的人文

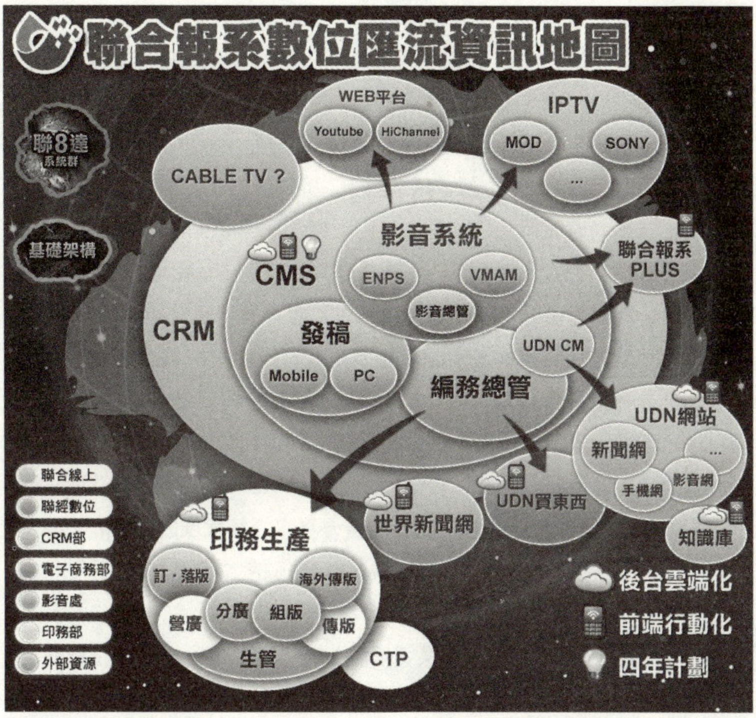

联合报系资讯系统之内容生产



底蕴而形成的影响力，积极介入台湾的政治、经济和社会生活，经常性开办各种高端政经论坛，以收取门票和企业协办、赞助等形式运作经营，利润可观。为成功运作顶级活动“政经高峰会”，去年，联合报系推出“愿景工程”项目，王文杉董事长亲自挂帅执掌，下设愿景工作室执行运作，委任胡立台为执行长。去年6月，联合报系愿景工作室筹划举办“关键两年——为台湾经济开路高峰会”，给台湾经济把脉、寻找新机，影响巨大。今年7月30日，继续开办“关键时刻——2013为台湾经济开路高峰会”，马英九、萧万长等成为高峰会的主讲嘉宾，联合报系董事长得与台湾领导人同台论道，其影响力可见一斑。刚好那段时间，台湾洪仲丘军中虐死案持续发酵，台湾所有媒体天天都在铺天盖地追真相、爆猛料，民众天天“被新闻”，十分烦躁。而这种事关民生、事关前途的高峰会，则及时地给民众传递新鲜信息，提供生活正能量，报纸也因此获加分、赢口碑。

如今，联合报系已建立起长效的品牌关联产业拓展运作机制。报系专门成立活动部，专职人员70多人，分设两个文创中心——文创一中心、文创二中心，委任企画专员领衔策划组织相关营销活动。活动部文创二中心企画专员萧莉蓉介绍，由联合报系与邓丽君文教基金会共同主办的“追梦——永远的邓丽君特展”，借助3D投影等新技术手段开办邓丽君演唱会，全媒体传播推介，今年4月在台北首展，引起极大轰动，门票收入可观。今年6月全景移至大陆昆山市展出，通过3D投影实现了邓丽君的大陆演唱会“首秀”，反响十分热烈，成功打开大陆市场。明年4月，将应约赴湖北展出。萧莉蓉表示，“追梦——永远的邓丽君特展”志在打造成联合报系文化活动产业的经典品牌，大陆将是其依托的市场腹地，前景广阔。

总之，进入新世纪以来，联合报系就一直没有停止对报业转型发展的艰难探索，从扎扎实实推进实施转型基础工程项目——联合线上数据库，到成功创办开播联合报系电视（udn tv）；从传播方式转型、人才转型到赢利模式转型，坚定不移走“融合发展”之路，如今已成功蜕变为多元运营发展的全媒体集团。当然，转型、创新的终极目标是发展，而到目前为止，联合报系新媒体尚未赢利，仍在苦苦寻觅可持续发展的转型赢利模式。联合报系转型往前如何走、成效怎样？值得我们密切关注。

（作者系南方报业传媒集团管委会委员、编委，南方日报社社委）

# 商业压力下的台湾报业

□王毓莉

王毓莉



## 报禁下的报业生态

谈及台湾报业，必须先提及“报禁”政策的影响。

1951年，适逢台湾戒严时期，国民党当局以“节省纸张”为由，实行了报禁政策。规定：停止新报纸登记、现有报纸每份发行张数限三大张以内、印刷厂只能在一地，即所谓为“限照”、“限张”以及“限印”。

于此同时，又发布《出版法》、《出版法施行细则》、《台湾地区戒严时期出版物管制办法》、《台湾省戒严期间新闻纸杂志图书管制办法》等一系列法令政策进一步细化限制新闻出版业的发行自由。

此后，任何要办新报纸的人都必须向经营不善的报纸业者购买登记证，方可发行。例如《华报》经营不善即将停刊，登记证由联合报系取得，其名下《民生报》方可创刊；又如《公论报》登记证由联合报系的《经济日报》取得。

报禁时期，台湾报业被《中国时报》、《联合报》及《中央日报》三大报业集团所垄断，而整个台湾也仅仅剩下31家报纸。

又因报纸经营需经当局同意，故报社与当时执政的中国国民党紧密结合。首先，《中央日报》为国民党创办之中文报纸，属于“党营媒体”、“机关报”，1928年创刊于上海，此后，在台湾发行50余年，为中国国民党

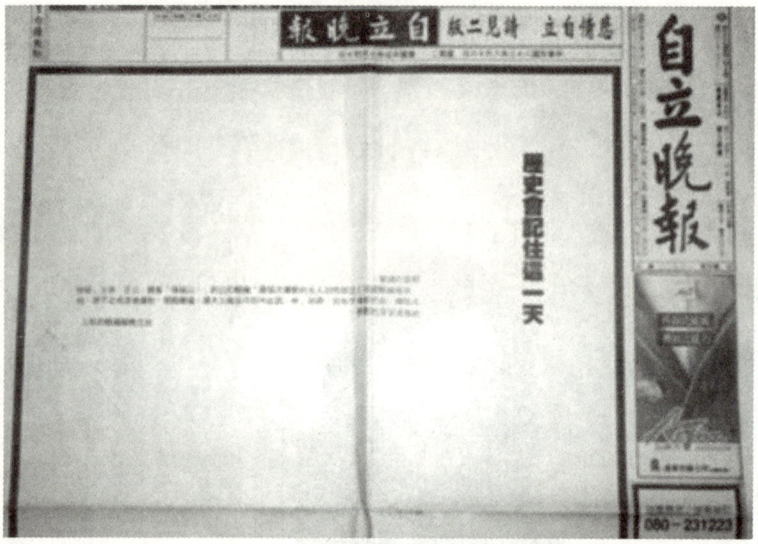
自立晚報

歷史會記住這一天

080-231223



党营文化事业成员，而属于民营的报社负责人，也皆为国民党决策核心，例如《中国时报》创办人余纪忠、《联合报》创办人王惕吾，皆为国民党中央常务委员。

在报禁情势下，新闻自由被极大束缚，报业成为了当时国民党当局政令倡导以及控制思想的工具，而所谓的新闻自由和新闻伦理也极难完全实现。虽然，《中国时报》与《联合报》创办人，均有报人性格，给予报业专业表现的空间，但是作为当权者的监督力量，仍然不如另一份重要的报纸：《自立晚报》。

《自立晚报》创刊于 1947 年，以“无党无派、独立经营”为办报理念。报禁期间，《自立晚报》因坚持自由无党派报道触犯到国民党当局，而被要求多次改组、搬迁，甚至因政治因素被停刊三次：1950 年 11 月 17 日，《自立晚报》副刊《万家灯火》刊载香港报纸剪稿《草山一衰翁》，遭国民党当局指涉对当时住在阳明山（原名草山）的蒋介石有不敬之意而遭停刊，并被处以“永不复刊”的处分，后经时任发行人李玉阶调解才得以复刊；1953 年 2 月、1953 年 10 月又相继被处停刊处分两次。该报却一本立场，在反对《出版法》修正等政治相关、争取新闻自由和民主权力的事件上都有详实报道。该报并于 1987 年突破隔阻派遣记者李永得和徐璐，至中国大陆采访，成为台湾媒体第一批到大陆采访的记者，突破 38 年的两岸僵局。中国中央电视台如此报道此次“破冰之旅”：“1987 年 9 月，台湾自立晚报记者徐璐与李永得，突破台湾当局禁令，经日本转道大陆采访，揭开了两岸新闻交流的篇章。”自此，《自立晚报》知名度和影响力持续攀升，发行量连翻 3 倍，在报禁下的台湾报业中，扮演极为重要的角色。

《自立晚报》所有者在台湾解除报禁后，于 1988 年初创办了《自立早报》，不过，就在报禁后新报纸如雨后春笋般出现，报业市场竞争激烈，注定了《自立早报》早夭的下场，于 1999 年 1 月 21 日宣布“无限期休刊”，仅仅维持了 11 年。而身为自立报系命脉的《自立晚报》，在报禁后言论尺度开放下，旧有市场利基不再，也面临了生存危机。

解严以后，媒体市场竞争激烈，《自立晚报》亏损连连，在发行人吴三连过世后便面临财团的介入。1994 年 6 月，台南帮将《自立晚报》股权卖给中国国民党籍台北市议员陈政忠与中国国民党籍立法委员陈宏昌。1995 年，陈政忠挟宏福集团财力入主《自立晚报》。

“自立”员工高度忧虑其独立编采风格无法确保，在部分“自立”早、晚报编辑部员工与跨媒体新闻工作者串联奔走下，结合关心自立报系前途的学术界、文化界、新闻界人士展开一连串“抢救自立”行动。在各界抗议下，《自立》的股票交割，虽顺延至 1994 年 8 月 15 日进行，但自 8 月 4 日起，《自立》早、晚报编辑部员工也发起“编辑部公约”联署，要求新经营者具文承诺（吕东熹，2012）。

这是台湾第一份“编辑室公约”，此一公约获得社内编采部门超过 7 成人员联署，工会临时会员大会中，通过要求资方签订“编辑部公约”；而学界发起的“抢救自立”活动，也获得回应，并有若干人士愿意参与经营，且愿意签订编辑部公约。

期间，编辑部员工为了表示争取签订编辑公约的决心，《自立晚报》在空白的头版上印上了这几个字：“历史会记住这一天！”

不过，《自立晚报》也在 2001 年 10 月 2 日停刊，正式走入历史，在仅剩最后一天可用电的情况下，将库存纸张全部印完，出版 54 年来的最后一份五大张的自立晚报。

报禁下的报业生态，是由亲国民党的《中国时报》、《联合报》及《中央日报》主宰主流言论，而《自立晚报》则代表着”党外”的声音。直至 1987 年，国民党当局宣布台湾解严，报禁继而于 1988 年正式解除。

## 商业化的台湾报业

1988 年报禁解除后，台湾的报业结构迎来了一次空前的成长与新旧更迭。

由于报禁下的限制不复存在，报纸开放登记，报禁在开放后一年内，台湾报业从原先仅有的31家报纸，发展到98家，此后连续多年报纸家数皆维持成长，整体报业空前繁荣，截至2007年，台湾已有2273家报纸。

然而，报纸家数的暴增，也带来了空前的竞争，从发行到广告、从版面到编采，无不成为各家拼搏较劲的场域。《中国时报》、《联合报》、《新生报》等几家传统大报，在报禁开放首日便抢先大幅增加版面，每份从原来的3大张扩增至6大张，内容也更趋多样化，之后持续增长到平均5到10多张。增张的主要目的，一方面是借着丰富的内容吸引读者，一方面也是预留版面、争取更多广告收入。

报禁后的台湾报业竞争，由政治因素主导迅速转变成了商业金主主导的态势，对那些财力薄弱、无法增张的报纸来说，生存成本陡增，造成市场高度集中到少数大报手中，并且大报与大报之间也因为相互竞争也带来种种问题。如增加版面所带来的大量信息导致了“信息超载”问题，虽然因其内容多元丰富，加上当时强权控制已经消失，新兴的自由民主氛围让舆论畅所欲言，报社更以政治守门人自居，报纸也从以往的老百姓的娱乐消遣，逐渐成为资产阶级以及意见领袖发表言论的公共领域（黄国治，2008）。

报禁解除后，《中央日报》转向民营化，但国民党仍是其最大股东，因其传统官营色彩浓厚，编辑版面保守，不及

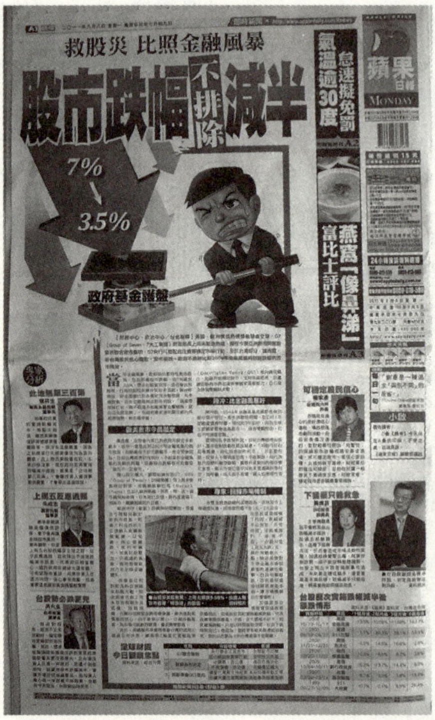
救股災 比照金融風暴
股市跌幅不排除減半
7%
3.5%
政府基金護盤
氣溫逾30度 急速擬免罰
燕窩「像鼻涕」 富比士評比
蘋果日報
MONDAY

其他报纸灵活生动，发行量每况愈下。又逢网络兴起，读者阅读习惯改变，于2006年实体报正式停刊，转向营运电子报业市场。

报禁开放后的政治言论市场，必须提到标榜自己是“一份为两千一百万人所办的报纸”的《自由时报》。《自由时报》前身为1946年12月12日创刊的《台东导报》，在数度易手与改名，历经《台东新报》、《远东日报》、《自强日报》等，直到1980年4月，以新台币4千万元转卖给联邦集团林荣三，1981年1月1日改名《自由日报》，正式成为中部地区之地方报纸。1986年9月15日，该报获准迁至台北县新庄市发行，1987年9月再度更名为《自由时报》，并开始积极往全国性报纸之规模发展。

一般认为《自由时报》的政治倾向为泛绿偏向深绿，然而在2000年政党轮替前，立场上是支持以李登辉为首的国民党派系，即所谓温和本土路线。2000年总统大选时，《自由时报》当时在立场上倾向支持连战。不过，政党轮替后《自由时报》在立场上随着李登辉转为较支持陈水扁与民进党。在2008年国民党重新执政后，《自由时报》似乎扮演着报禁时期，类似《自立晚报》党外媒体的角色，位居反国民党的政治光谱中。

在发行量与影响力方面，《自由时报》于1992年至1994年间三次大规模的订报促销活动，将最高发行量冲到120万份，自此接手了《中央日报》的大报地位。2007年，《自由时报》赶在“三大报”前首先加入“中华民国发行公信会”（ROC-ABC）进行有费报发行量稽核，稽核报告证明于2007年3月期间每日平均实销量超过72万份，大幅领先同时期的《苹果日报》约21万5千份，并由公信会正式认证为“稽核期内”全台第一大报。

商业化时期的台湾报业，除了在内容上下功夫之外，各报还推出各种促销手段，争夺读者与广告市场。作为解禁后报纸的主要收入来源，为争夺广告份额，各报积极展开削价竞争，最后演变为“自杀式”的恶性竞争，一则头版的广告价格从新台币50万元下杀到至15万甚至7万，几近蚀本经营的程度。

2003年，香港商人黎智英携《苹果日报》进军台湾市场，给台湾报业市场带来更大的、不可回复的冲击和改变。台湾《苹果日报》创刊之初，便发动价格割喉战以新台币5元促销，同时《苹果日报》采用较多摄影照片、设计图片、新潮排版方式、美术设计、大字标题、颜色鲜艳的文字等视觉因素吸引读者的注意和购买。在内容上，其手法多为报道更多与目标读者群的生活和日常话题有关，一般的报纸多以政治、经济、国际等议题作为头版新闻，但是《苹果日报》的头版则是以本地的社会新闻为主，且往往以大篇幅报道此类新闻，凭借价格以及内容上的优势，《苹果日报》于创刊当日，销售量便远超越当时台湾市面上所有其他报纸，迅速抢下市场，形成如今的台湾报业《中国时报》、《联合报》、《自由时报》及《苹果日报》四大报鼎立的新局面。

《苹果日报》的成功，特别是以被外界称为“图像化、耸动式、消费导向、八卦取向的小报风格”席卷台湾，让原以讨论严肃政经社会议题为主、并以“质报”自居的传统大报更显得夸夸其谈，曲高和寡。在报业生态丕变的洗牌效应下，台湾报业掀起了一股全面“苹果化”浪潮，展开了一场商业化的角逐。

## 高度商业竞争下的报业易主

伴随着壹传媒集团董事长黎智英带着《苹果日报》登陆台湾形成四大报鼎立的局势，其他三大报中，《中国时报》因经营不善，由余纪忠儿子余建新转手卖给旺旺集团；《联合报》则由王惕吾的儿女和孙子辈接班，除了纸媒外，该报积极发展影音新闻，企图跨入影视市场，并2008年成立金传媒集团，力图由业务方面突破传统报纸的经营模式。再加上《自由时报》创办人林荣三的三重帮，拥有宏国集团、宏泰集团、联邦企业集团、海山集团、宏福集团等五大财团背景。自此，台湾报业结束文人办报时代，全面由企业财团掌控，进入到了一个高度

台灣優先 旺報 兩岸第一
WANT DAILY
認識中國大陸，掌握世界未來
陸7月順差30月新高
出口依然強勁 人民幣升值壓力再起
美決維持低利率
大陸航母 首度海試
計畫來台設據點

商业化竞争的时代。

在自由商业化产业模式下的台湾报业，报社拥有者更加注重报社对其企业带来收益以及利润，由于台湾近年来阅报率下降伴随着广告效益也节节衰退，广告主自然不会将宝贵的预算花在报纸上，报业赖以生存的广告收入持续缩减；加上近几年台湾人力大量外流，整体社会消费力的下降，不仅让各行各业获利急冻，也直接导致各报社大幅亏损，每年以数亿元计。然而，传统纸媒发行量虽急速下降，广告主投入相对减少，但因报业新闻仍具有议题领导地位，因此广告主纷纷将黑手伸入"新闻"的领域中，经由置入性营销项目，出现了业配新闻。

所谓业配新闻，即是指媒体为了配合业务部门，以新闻方式给业务部的广告主刊发的广告式软文。另一方面，为了讨好广告主，各报更任命原有的各线记者，制作各种“置入性营销”新闻，模糊了洗脑式的广告宣传与客观中立新闻报导的界线，引来不少批评。数年竞争后，台湾的报业生态已与报禁开放之初截然不同。

在业配新闻的业务压力和自身职业伦理和新闻道德的双重推挤下，越来越多新闻工作者产生彷徨与无奈。2010年12月12日，资深媒体人黄哲斌，离开了工作16年又5个月的《中国时报》。他离开的原因很单纯，不是跳槽、不是资遣、不是优离优退，而是“再也无法说服自己，这是个值得托付的行业”！（黄哲斌，2010年12月13日）

不止新闻工作者，越来越多的受众也陷入对新闻媒体业被各大金控并吞后讯息的真实性和客观性的恐惧中。之前提到，《中国时报》在余纪忠儿子余建新接手的情况下，经营越发困难，最终由旺旺集团蔡衍明以个人名义收购。

另一方面，《苹果日报》并未持续着10年前刚进台湾的获利优势，主因在于创办人黎智英投入创办《壹电视》，未能快速获得法规通过，之后又碰上有线电视上架问题，持续亏损至新台币一百亿元，令他对台湾媒体经营失去信心萌生卖出台湾壹传媒的念头。尽管黎智英有意将《苹果日报》与《壹电视》包裹出售，初期一度传出由中信金辜仲谅与台塑集团王文渊合资购买，但最终包裹买卖破局，仅由年代集团接手《壹电视》，黎智英则宣布不再出售《苹果日报》。

尽管最终黎智英仍旧保有《苹果日报》所有权，但接二连三的商业并购仍旧显现出了台湾报业在朝着集团化、商业化的方向不断靠近。由于读者开始担心多数报业媒体被少数金控公司实际控制后，造成的讯息接收阻塞以及金控公司之意识形态影响新闻报道的客观性，于是台湾在2012年爆发“反旺中游行”，其目的旨在“捍卫民主价值，守护新闻自由”。

此外，台湾实体报业竞争激烈，迫使各大报团开始开辟新的市场谋求生机，于是各大报团相继推出了电子报业务，希望以挽回流失的阅读群，同时增加自身的广告收入。但事与愿违的是，电子报以及各大门户网站的出现更大程度地改变了读者的阅读习惯，原先选择购买实体报的读者现在通过阅读免费电子报便能取得相同的讯息，电子报的出现反而侵蚀了实体报业原有的市场，如今会定期买报纸来读的人越发地减少了。



与各大实体报团推出电子报业务不同的是，台湾也出现了一批通过新闻信息平台通路完成新闻理想，其中以《醒报》与《新头壳》知名度与影响较大，值得一提的是《新头壳》采用了一种新的营运模式：社会企业模式，既非政府出资也非商业运营，而是“以议题为中心，结合关注社会议题的公民记者，推动阅听大众拥有近用媒体的权利，不接受置入性营销，并自我期许不涉特定政治立场。报道形式包括传统文字、照片和影音信息、现场网络直播，并向各地公民记者征稿”。该平台的董事长苏正平，曾任《自立早报》副总编辑、总

中國時報
勞工可請每年5天有薪家庭照顧假
誤植愛滋器官 術後48小時才知道
野田佳彥當選日民主黨魁 將成新首相

顾问胡元辉，曾任《自立晚报》社长，不难窥得创办者的理念贯穿。同时《新头壳》还特别设立“公评人机制”，即透过已为许多国家媒体实行的公评人(ombudsman)接受社会各界监督，由其依据独立的调查与判断作出评议，以强化媒体自律。而这一种以议题和公民记者为基础的运营体制，是否会给台湾报业带来别样的可能，正在接受市场的考验。

## 台湾报业，何去何从？

网络的发展，信息传播速度的加快，读者阅读习惯的改变，全球报业目前面临相似的生存危机。曾经因报道“水门事件”闻名世界的《华盛顿邮报》于2013年8月被amazon创办人 Jeff Bezos 以美金2.5亿收购；1851年创刊，以报道可靠新闻消息高度信誉著名的《纽约时报》，于2010年第四季决定停止发行纸本新闻报，从2011年3月28日开始收取阅读网络新闻费用。

然而电子报付费模式，是否能成为传统报业的出路，西方报业的网络收费刚刚起步，论成败尚且言之过早。台湾报业的电子报，目前皆无收费机制，经营者也不敢贸然做改变。

尽管生存不易，台湾报业经营者也力图生存之道：《苹果日报》被黎智英留下，但是销量再不如从前，近期在电子报的新闻中，也开始夹杂着许多广编稿的软文，尽管在文章上标示“广编特辑”，比较起过去在报业编辑上，高调反对新闻置入的做法，似乎有所调整。只不过，台湾新闻媒体的全面苹果化，倒是成了《苹果日报》对台湾媒体不可逆的影响。

旺旺中时集团以集团化统合资源，透过旗下跨媒体整合，助报业经营。事实上，中时与联合两大报系，近几年都透过其他业务发展，如：筹办大型展演活动，支撑主力报业，此举虽有助于报业的业外收益，却也增加了涉己事务宣传干扰正常新闻现象。而联合报系为了推动经营绩效，导入“关键绩效指标”(Key Performance Indicators，简称KPI)，企图以企业的方式经营管理着报业，制度的变更，改变了报社与员工之间的关系，特别是以量化方式管理新闻发稿的方式，引起部分新闻工作者的不满。《自由时报》踩着与目前执政国民党的对立角度，守着一片言论市场。

然而，由于生存压力，新闻置入为目前台湾报业的新闻从业人员，带来莫大的压力，新闻记者一方面抗拒着业配新闻，但在媒体组织压力下，又需要被迫配合采访。此举对于新闻业的公信力，有着巨大的伤害。

不过，台湾报业的新闻从业人员也在夹缝中力求专业表现，从1994

年自立早晚报提出的“编辑部公约”，到2013年4月《苹果日报》工会与资方达成共识,签订“编辑室公约”,确保《苹果日报》编辑自主和新闻自由，成为台湾媒体首份具有团体协约效力的编辑室公约。均显示着台湾的新闻媒体工作者，对于自身工作权益的重视与新闻理想的追求。

此外，值得注意的是台湾媒体的消费者运动，从过去消极不太作为存在的新闻评议会，到台湾社会出现反媒体垄断运动，显示新闻媒体人与公民社会对此一议题的重视。至于,台湾报业市场的下一步整并或言论消长，仍需持续观察。



（作者系台湾的中国文化大学大众传播学系教授。本文的完成，特别感谢研究助理刘洋协助搜集资料）

**参考文献：**

1. 吕东熹：《十八年后，新闻界再度走街头》，上网日期：2013年10月1日，取自“吕东熹部落格”http://newtalk.tw/blog_read.php?oid=11079。

2. 黄国治:《春来春又去——报禁解除20年》，台湾光华杂志，2008年1月号。

3. 黄哲斌：《乘着喷射机，我离开＜中国时报＞》，上网日期：2013年10月6日，取自“黄哲斌部落格”http://blog.chinatimes.com/dander/archive/2010/12/13/579524.html。

# “荒诞时代的荒诞生存方式”
## ——《大V近黄昏？》采访后记

□范承刚

范承刚



### 大V们的恐惧

王功权是我在北京采访的第一个大V。那时我没想到，他会那么快被捕。

8月30日，我在北京海淀剧院旁的上岛咖啡见到了王功权。这些年，他在这里见过许多记者，谈私奔，谈教育平权，更多时谈公民社会。最近一次，是与南方人物周刊的记者谈“企业家要不要言国事”。

已是深夜十一点，他告诉我，早在前日，已有警察前来告诫过他：“你讨论问题太直接太激进。”在公园旁的小桌子，他们谈了一个小时。

也早有朋友担心劝慰：“整天不做帮助建设祖国的事儿。”王功权则对我说：“我没有感觉到恐惧。如果触犯法律，我伏法。但只要我的权利没有被剥夺，我就会发声。”

实际上，我面前的王功权面容疲惫、言语迟缓，与我聊天时，他又多抽了一包中南海。他总让我想到台湾作家杨照笔下那个“即使内心害怕得浑身发抖，也还是得挺身站在那里”的“新一代的人”。第二天清晨，我见到企业家王瑛。她告诉我，王功权正在微信里与她讨论着是否接受采访、以及未来的社会走向，“他很担心。”

这些担心，他不会轻易对记者说起，但会在怀抱相同信念的朋友面前袒露。

曾反对柳传志“在商言商”言论的王瑛，如今也仍坚持在微博上疾呼“大家必须一起讲话”——“我现在能做的，只能是不恐惧，并把不恐惧传递给人们。”

只是有时，她也会疑惑：这种由来已久的恐惧，究竟由何而来？

王瑛的疑惑也同样存在于我们心中。这个夏末，一阵“打击谣言”的风潮吹来，拥有众多粉丝的大V们普遍都打了个寒颤。然而，寒潮几级？因何而生？大V又如何自处？是我们所关心的话题。



采访最初，编辑记者一起鼓捣了个采访单：按类别，分为“商业领袖”、“娱乐明星”、“作家”、“学者”、“律师”、“传媒从业者”、“公共名人”等；按粉丝数，则分为千万粉丝以上的“S级”大V、百万粉丝以上的“A级大V”、以及十万粉丝以上的“B级”大V……

我们的设想是：采访二十至三十人以上的大V，搭建一个科目不同、影响力不同的大V网络。其一，是为全景展现薛蛮子一案所谓“敲响警钟“的震慑下大V群像，他们的应激反应、心态变化以及言论策略的调整。

其二，是想系统梳理近四年来，那个众声喧哗的微博舆论场的源起与本相。最为重要的部分是：随着舆论场的形成，政府管控、意识形态斗争乃至资本逐利的本质，如何渗入并施加影响，最终触动每一个

SOUTHERN WEEKLY

南方周末

王国臣如何从工人到大亨
隐形石油富豪的“年代”

两桶油缘何以“全局性系统性”环保失守
石油系“反绿”

A8
台湾最大“关说案”：领导说情 督办领导

A5
挖掘农妇的家族与村庄

A6
赣州六县党政首职有空缺

A7
“锁杆”、“冤狱”、“严打”与刘銮之有关的政法往事

D21
胖子都有颗敏感的心

D23
恐书编年录

D26
武侠真火烧圆明园的有吗?

E29
搞不定关系，说不上我想成功
让孔子重返日常生活

大V近黄昏?

网络名人社会责任论坛

大V的敏感神经。

文艺一点的说法是：这是献给微博闪光日子的一首情诗，也是对互联网话语生态的一次审视，当然，也想显影出是哪只大手让如潘石屹般的大V开开开始结巴的……

最终采访了近30位大V。如今，回溯采访结果，有一些数字碎片值得回味，特别是当你把多年形成的公共舆论场比作化学周期表，并分析各种元素在强度、熔点、稳定度上的诸多不同后：

商人的受访率最低，不到30%，理由大多是“微博只是工具，对不起啊现在是敏感时期……”。

律师的受访率则最高，为100%，理由则以“微博是武器，一旦我（用微博）在全国推起来，他们（法官）吃不消的”为典型。

影响力越大，受访率则越低。十万粉丝以上的“B级”大V，几乎都接受了我们的采访；百万粉丝以上的，则有接近一半愿意说话；千万粉丝以上的“S级”大V，受访率则是0。

在这里检讨：为了不至于让“S级”大V在报道中缺席，我只能阅遍潘石屹、任志强等人的微博、访谈以及传记，勉强拼凑其微博历程，尽力还原其心理变化，最后无奈看着潘石屹面对央视的镜头一脸紧张严肃自省，并表示同情。

此外，让我略感惊讶的是：几乎所有的受访人都要求“审稿”。如此统一的谨慎，我从未经历。而更多的细节表明：曾叱咤风云的大V们，开始担惊而彷徨了——

一向以“大嘴”著称的李承鹏，看完采访提纲后，拒绝了回答所有问题；童话作家郑渊洁则表示“不回答任何与微博有关的话题”。

经历过多年互联网潮起潮落的王小山，对我直言“忧心”——“我不知道未来会怎样。”编剧宁财神的悲哀更为彻底：“金字塔坍塌了。”

而在公益圈风生水起的媒体人邓飞，则陷入了与山东省环境保护厅官微“山东环境”的争论。对方要求其为一起网络传言道歉，并称邓飞为“网络大V”。这让邓飞感到不安，他甚至在微信群呼吁朋友帮忙转发，“我不得不惹这事”。

## 污名化与看不见的管控

我曾记得，2010年，广电总局曾下发通知，要求在电视节目中规范用语，不能使用NBA、F1甚至GDP等英文缩写词。

所以当我在央视、人民日报、新华社等国有媒体上，看到“大V”这个源于网络戏称、甚至连英文缩写都不算的词汇，被频频使用，我不能不感到诧异。

我很奇怪：这个大V是啥意思呀？

后来，一个采访对象启发了我。他对我说，命名，有时是一种管理的策略。

“白血病”这个名字诞生前，医生使用的是满含夸饰意味的“血液化脓”；20世纪80年代前，“艾滋病”（获得性免疫缺陷综合征）被称之为“同性恋相关免疫疾病”；时至今日，“老年痴呆症”仍阻碍着人们对“阿尔茨海默病”的理解。

如何命名，对于人民理解一个事物有着重要的影响。“臭老九”与“知识分子”之间，“一小撮”与“一部分”之间，“不明真相”与“真相不明”之间，足以划下鸿沟。

“大V”也一样。当我们回溯其当由一个戏谑之词，变为“警钟”的对象，便不难剖析伴：伴随着大V崛起，针对大V的管理如何逐步升级，并最终固化。

我们采访到新浪的内部人士。他向我们回溯了多年来，新浪微博如何在政治压力与商业需求之间，艰难维持着平衡：

新浪微博的第一次大规模管控，是在2009年10月国庆阅兵。当时，新浪多次召开会议，探讨监管办法。最初，他们接到的命令，是“全删”。但内部不舍得，“刚刚开始一个多月，能用我们的产品的人得是多么忠诚的用户啊。”

几番争取，新浪采取的措施是“尽可能少删”。而到了特定时间，“把以前

纵深

大V近黄昏?

一些没有删也没有放开的全部恢复。”

然而，随着微博的急速膨胀，类似温和的措施逐渐显得不和时宜。群体事件的增多，让新浪内部乃至政府官员担心“微博失控”。

甚至曾有官员提出，不希望自己所管辖的地区开设微博。

“管控手段都是一步一步加上去的。”这位新浪内部人士如此形容策略的改变。

然而，他却并不认为改变是不必要乃至有害的。“最全面，最科学，最柔性。”他这样形容新浪的管控之道，“这就是有管控又不让人知道。”

类似的管控手段难以尽述。其中让我印象深刻的一条是：如果一条微博被侦测到相关关键词，那么这条微博将会被“藏匿”：只有你能看得见，你以为并未被删，但实际上这条微博将不会出现在任何人的刷新内容中。

我的一位朋友将其形容为“就像切除脑叶白质，你接受不到刺激，也就丧失了精神冲动及反抗意识。”

而更让一些大V感到不满的，是新浪开始有意限制其影响力的扩大。人大教授张鸣、历史学家章立凡，就曾清晰感知到自己的粉丝数量被有意控制，甚至在特定时期会“掉粉”。而另一些“大V”则被“力捧”，比如辱骂记者后，粉丝数量一夜爆涨数万的北京大学教授孔庆东。

2013.9.12 纵深

# 大V近黄昏?

其后隐藏的，则是这些年微博舆论场所产生的明显变化：政府管控以及资本选择的合力下，意识形态的论战日趋增多，论战逐步演化成混战，混战中的大V深陷其中，落得恶名。

最终，微博的作用被削弱。

编剧宁财神常会想起电影《发条橙子》。电影里的主人公成了罪犯改造的试验品——被迫睁大眼睛，观看暴力镜头的电影，伴随着贝多芬第九交响曲。此后，只要听到贝多芬的乐曲，他就会处在疯癫状态。

与宁财神一样，另一位网络名人五岳散人也表达了类似的失望态度。与他见面时，这位著名的时评作家手上戴着硕大的戒指。聊天时，还不忘用微信与朋友商讨怎么开网店、办会所。



如今，他更愿意褪去身上的"公知"色彩，而把自己定义成一名商人——他将每月写作时评的数量从20篇下降至5篇，也对微博上的发言日渐冷谈，"现在的微博，没有观念，只有江湖。"

微博最好的时光已经过去了——这是采访的近30位大V的共同想法。

更多的大V们，也开始调整自己的发声策略。比如历史学家章立凡，他开始研究着微博上发言的规则，比如用穿越故事来讽喻现实，或是怎么避免被删帖。

"事实迫使你不能去说。"章立凡这样总结发言之道："所以只能用插科打诨、打比喻，甚至是穿越的方式来表达。"

章立凡的父亲是历史上著名的"七君子"之一——章乃器。他说，父亲被打成右派的过去，家庭被批斗的历史，让他学会了"荒诞时代的荒诞生存方式"。

（作者系南方周末记者）

东方早报摄影记者 赵昀

# 用相机和这个世界握手

做新闻摄影已有10年，感觉在当下新媒体盛行，人人有单反、人人能发图的时代，新闻摄影并没有死去。外部的压力可以转化为前行动力。一个好的摄影记者拍出的照片应该是有温度的，是能够见证人生，观察世界，能够将影像转化成语言，形成一种可亲近的对话工具，从而愿意且乐于沟通。虽说相机对于摄影记者来说，就像战士手中的枪一样，但是我个人觉得相机在我手中，更像伸出的另一只温暖的手，在和这个世界握手。

1. 2013年8月29日，上海市黄浦区昼锦路上，两名孩子站在被雨水淹没的道路边，撑着雨伞在暴雨中嬉戏玩耍。

2. 2013年4月16日，法国海军“葡月”号(VENDEMIAIRE)护卫舰驶抵上海海军扬子江码头，开始为期6天的友好访问。

3. 2013年3月12日，上海米泾水上保洁服务有限公司的工作人员正在上海黄浦江松江塘口水域打捞漂浮在江面上的死猪。

4. 2012年12月10日，新疆库车县的一条山间公路。

5. 2012年6月3日，3名维吾尔族小孩在喀什老城边的一辆废旧汽车上玩耍。

6. 2013年9月29日，中共中央政治局委员，中共上海市委书记韩正为中国(上海)自由贸易试验区揭牌。

# 借台风灾害摄影说点其他

■ 朱淑萍

昨天，有两件波澜不惊的事，于我而言。

一是，东早的微博上发了一组上海地下车库了被水泡了的车头上沾满蓝藻的照片，被一权威媒体斥责："没人性的视觉传播！"

怎么就没人性了呢？

或许是东早给这组图配了句诗："苔痕上阶绿，草色入帘青"，配得确实有点二缺，反正那些车主是肯定欣赏不了的。

但是，照片有什么错呢？我倒是不想抬高说这照片有多好，但至少他让我看到了悲痛欲绝、歇斯底里以外的其他情绪。

▼ 2013年9月22日下午17时许，台风"天兔"正面袭击广东。狂风卷起海浪扑向海岸，冲击着沿海的建筑。羊城晚报记者 周巍 摄

我们在拍摄类似台风、暴雨、高温这些个不可避免的灾难时，是否非得要把镜头堵到灾民的脸上，非得要他们说些“受了多少伤，家里损失都多惨重”，表情最好是眼泪“欲落未落”呢？

我不是在否定那些个激烈的表达，只是在想，我们的肚量该大些再大些。

因为，留给我们的空间原本就已不多了。

第二件事，还是跟台风“菲特”有关系。11日晚，余姚的老百姓打砸了宁波一电视台的直播车，原因是质疑主持人“粉饰太平”。

这样的事，早不是第一次了，大部分时候，大家也是相安无事，矛盾尖锐时，就难说了。可见，老百姓的潜意识里对媒体是有多鄙夷和不信任。

或许有同事会不承认那些是记者。但我们自己心里清楚，在夹缝里寻找出路的我们，处境都有尴尬。

“菲特”台风里有组片子很有意思，拍的是余姚民众“各显神通”制造乘坐的各色“船”。片子并非有多精致，但幽默又酸涩，让人记得住。这组片子虽是都市快报摄影记者拍的，但我发现它，是在微博上（详见后面的小图）。

前两个在广东发生的台风也是这样。台风“尤特”和“天兔”，第一手的灾情资讯、现场图片均来自网络、微博、微信。

报纸，从它的内容到形式，似乎都在被人厌弃。

这已经不是一场新鲜的争论了，似乎科技每前进一点点，通讯每便捷一点点，我们都要发愁一回自己的职业前景。其实讨论谁好谁坏，谁会取代谁，都已被划归为无病呻吟的范畴。别把自己狭隘地栓死在一张纸上面，我们的传播渠道早已被拓展得无限化，它的“肚量”足以容纳下职业的摄影记者，业余的网络拍客，或者随时在记录的手机党。

“尤特”台风为广东带来豪雨后，最让人记忆深刻的消息是“糖糖蔡立君 Candy”在其新浪微博贴出普宁水灾惨状的照片，以及对央视忽略南方水灾严重性的质疑。当时，各媒体也都有被“牵着鼻子走”的情况，网络上哪里说得“热闹”，我们的记者就冲向哪里。

但就算是这样，其实也没什么丢人的。

传统媒体，特别是报纸，在时效性上早就没有竞争力可言，这是事实，连争的余地都没有。我们的重点早就应该也已经转移到了深度、专业。

但是除了专业，我还想说，我们还需要多元，需要尝试的勇气。专业的技巧是可以被复制的，只有多变的想法，不停地创新，才有点可能，让你在这个能瞬间“出名”，又迅速被遗忘的世代里，保留自己。

在日复一日的相同价值观，相同视角的视觉磨砺里，你还能给我多少的可能性？

（作者系羊城晚报图片总监）

▲ 2013年8月18日，紫金县洋头村受灾村民进行自救。在深圳工作的易先生得知家乡发大水，特地赶回来接老母亲到安置点生活。羊城晚报记者　周巍　摄

▲ 8月20日，在陈店镇的洪水灾区里 一些逃离出来的人们在等待食物的发放。南方周末记者　麦圈 摄

▼ 8月20日，陈店镇的洪水灾区，濠江来的民兵在用竹筏来运送老人和小孩出灾区。南方周末记者　麦圈 摄

▲ 8 月 20 日，政府、企业和社会团体组织了大量生活物资及药品送达灾区。羊城晚报记者 黄巍俊 摄

▲ 9 月 22 日傍晚，惠州市惠东县港口海域，几名香港游客冒着大风在海边游玩，被卷起的海水覆盖淋湿。 陈伟斌　摄

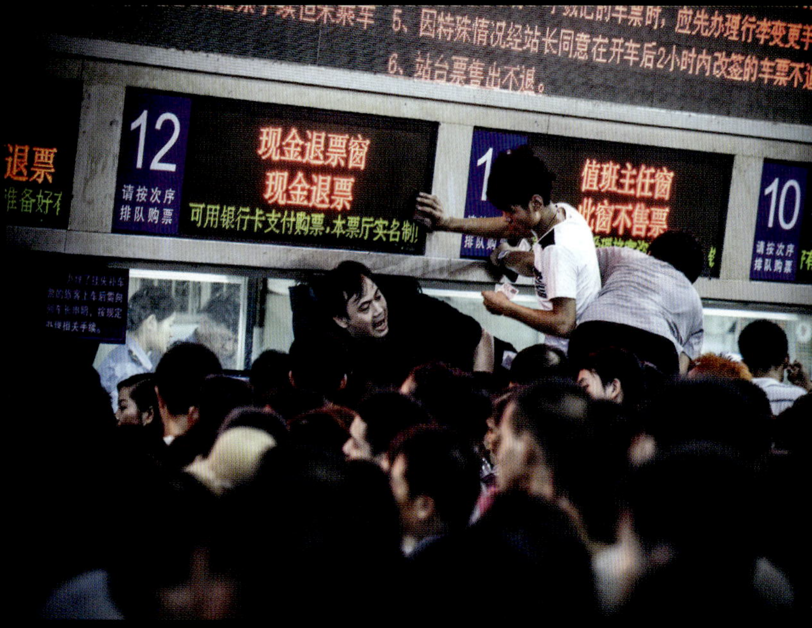


▲ 8 月 17 日，因连日大雨导致韶关段铁路被大水淹没。京广线多辆列车停运，广州火车站退票大厅挤满了退票的旅客，场面一度混乱。羊城晚报记者 周巍 摄

▲ 8 月 20 日，普宁。一家四口在水中的表情。有时候苦中作乐也是生活的一部分。羊城晚报记者 黄巍俊 摄

▲9 月 23 日，台风天兔过境后，汕尾陆丰一带受灾严重。 羊城晚报记者 周巍 摄

▲ 8 月 20 日，普宁。猪是财富的象征，因此在猪在洪水中可以享受坐船的待遇，而人则只能下水推船。羊城晚报记者 黄巍俊 摄

当地时间2013年9月26日，法国巴黎，"Rick Owens"2014春夏系列发布，与众不同的模特们演绎原始部落风情。 摄影：MIGUEL MEDINA

# T台上的女汉子

2013年的巴黎时装周，Rick Owens终于把"女汉子"这件事演绎到了极致。走秀当天，设计师轰走了所有竹竿身材的模特，换成了特意从美国空运来的一群跳踢踏舞的女汉子，T形台俨然变成了角斗场。

看到图片的时候差点儿被感动哭了。T型台上模特们高且瘦的非正常身材，曾经毁了多少女人的梦想。尽管眼前这一批俨然是直奔着反面极端去了，但好歹意味着身边那些不敢吃不敢喝天天要算卡路里的女友们，终于可以相信世界不只是由一种体形组成的。

"女汉子"们的摄影师MIGUEL MEDINA，来自于法新社，拍摄风格多种多样，内容从叙利亚的社会生活，到时装周的台前幕后皆有涉及，所以这照片看上去没那么美轮美奂，却带了纪实主义的原始和彪悍。画面由于强烈的对比而充满喜感，而我因为个人主观原因甚至还看到了些模糊的幸灾乐祸。

这就是秀场啊，能够满足你所有想像的地方。

翁倩

传媒观察

# 传媒观察

# 新闻与谣言

□王辰瑶

王辰瑶



从今年4月《人民日报》在重要版面发文批评“网络谣言”起，到8月北京公安抓获蓄意造谣的“秦火火”、“立二拆四”，再到8月底网络大V薛蛮子因嫖娼被抓、媒体抨击“大V传谣”，直至9月9日两高公布关于网络诽谤等刑事案件适用法律问题的司法解释，以及张家川少年被刑拘等，这些事件都围绕着一个关键词“谣言”。谣言，网络谣言被媒体集中性地口诛笔伐，并用“严厉打击”、“狠狠打击”、“肃清”、“杜绝”等话语将谣言界定为令人不齿的、与公开权威的新闻报道背道而驰的“对立面”。但是，作为一种古老而普遍的传播现象，谣言的问题相当复杂，远不是道德批判和法律制裁就能解决的，谣言与新闻的对立也不是看上去的那样黑白分明。

## 一

一个无可否认的事实是，新闻与谣言曾经很难区分。英国新闻学者康伯依认为，早期社会各个阶层的交往就是通过闲话和谣言来完成信息交换的，除了极少数的法条、协约和通告，绝大多数社会信息交往都是口头的、无确切消息来源的、市井的。此后兴起的新闻报刊与这种闲话和谣言有着密切的关系。[1] 因为按照美国学者舒德森的说法，我们视为“传统”的新闻专业准则距今不过百年历史。[2] 新闻采访、记录、调查、摄影等事实核实的专业技术都是相当晚近才出现的，而在此之前的漫长新闻实践是很少把“确切的事实”置于最重要的位置的。

此外，新闻与谣言就话语特征来说也有共同之处。比如，它们都是关于事实的话语。这恐怕是让很多人感到困惑的地方。谣言不恰恰是说谎、造假和虚构吗？怎么能说它是关于事实的话语呢？其实，谣言总是对应着或者试图对应着一个“事实”（哪怕这个“事实”在客观上并不存在）。网上曾一度流传过著名劳动模范李素丽“贪污”的谣言，北京公交系统专门辟谣，称这完全是子虚乌有。这个谣言构建了一个并不存在的“事实”。但即便李素丽是著名劳模，也不排除有人并不认可她，如果有人发表的是对李素丽这样一个公众人物的一般性的价值判断，像“李素丽也没有什么了不起”等，这就不是谣言，而只是异见、非议。



再比如，新闻与谣言都强调传播价值。新闻学最早的论文是德国人托比阿斯·波伊瑟写的，这篇1690年的论文提出了“新闻价值”的概念，可见新闻最早面临的问题就是如何挑选出那些值得传播的事。谣言则是要让集体“相信”的话语，谣言之所以有危害，是因为它能够激发社会的集体信任机制，使得人们在听闻谣言时相信其真实性，并且自愿地将它作为事实来传播。这一特性将谣言与一般的谎言区分开来——绝大多数谎话是私下传播的。心理学研究表明，普通人一天中多多少少都会撒一些谎，有些是善意的，有些是无意识的，这些谎话绝大多数都够不上“谣言”的级别，因为它们只在很小的范围内传播。而谣言之所以能被较多的人“相信”，是因为谣言建构的“事实”（不论多么荒谬）往往能暗合社会的集体情绪。没有这种潜在的社会关心、担心、忧心，就不会造成谣言的大规模传播。

## 二

但是，另外一个必须要认清的事实是：新闻职业的确立、发展和成熟，走的恰恰是一条与谣言渐行渐远的道路。原因就是新闻业明确地把对事实的核实作为这一职业立足的基础和存在的价值。事件作为“故去之事”，只能在特定时空中存在，所有对故去之事的讲述、报道，都只能是一种“再现”（甚至现场直播也是一种“再现”）。事实无法复现，只能再现，新闻业的核心使命就是确保这种再现是有依据的。比如，找到有能力再现事实的消息来源（如当事人）、通过记录手段，证明某人确实在某一场合说过某话，等等。正是这些核实技术把新闻与谣言分开。新闻要求对事实的再现要确切，而不管这种再现是否符合人们的预期；谣言有可能契合某种社会心理，诉诸人们的欲望或恐惧，但却不管所传播的事实是否有依据。

新闻的出现不可能完全扼制谣言。因为选择性注意是人的本性，人们总是爱听他们想听的内容。甚至新闻有时也抵挡不了这一本性的诱惑，制造出投其所好的假新闻。比如去年年底，北京一媒体报道称朝阳区法院判决河南10名截访人员非法拘禁罪成立，这一消息迅速登上了各大门户首页，并引来一片叫好。但事实是，媒体报道时案件尚未宣判，法院发言人称这是“假新闻”。耐人寻味的是，这则假新闻被揭露后，社会普遍心态不是对假新闻的愤怒而是对它居然是假新闻的遗憾，“要是这事是真的该多好”。

正如法国学者卡普费雷所说，谣言是世界上最古老的传媒[3]，对于这样一种古老而普遍的舆论现象，想要完全肃清是不现实的，也是没有必要的，除非社会愿意倒退回“道路以目”的不正常状态。采用法律手段打击只能是针对庞大的谣言群体中的极少数——例如此次两高出台的司法解释针对的只是“捏造事实诽谤他人”等这样一些产生了具体的受害者或实际社会危害的特殊形态的“谣言”。但遗憾的是，媒体对此“解释”的解释，很大程度上是把这种特殊的“谣言”与广义上的“谣言”混为一谈了。有相当一部分谣言对社会并无危害，久而久之不过形成了一些“传说”，比如那些在饭局上流传的“段子”或所谓

**北京法院否认河南截访人员被判刑 网友表示失望**

新闻中心-中国网 news.china.com.cn　时间：2012-12-03　发表评论>>

2011年8月2日，北京昌平关押上访人员的“黑监狱”被警方查封。资料图片

12月2日，北京一家媒体报道称，北京朝阳法院判决河南长葛市10名截访人员非法拘禁罪成立，截访人员获刑。但法院于当日下午迅速澄清：案件尚未宣判，消息不实。

虽然被澄清消息不实，但此事引发广泛关注。关注背后，是人们对截访甚至“黑狱”现象的批判和反思。有学者认为，舆论过度热议可能会带来压力，人们需要给此案件的主审法官们一个理性思考再依法下判的平和环境，尽管如此，此案件的依法受理和审理，连同社会舆论对此案件的强烈关注本身，就是一种提示，甚至是警示。

综合《北京青年报》、《人民日报》、《中国日报》报道

**强烈关注“截访人员获非法拘禁罪”引热议**

12月2日，一篇“北京首次判决外地截访人员非法拘禁罪”的报道在网络上引发热议，各大门户网站均将其推送至首页显要位置。

这篇报道称，近日，北京朝阳法院判决河南长葛市10名截访人员非法拘禁罪成立，10名截访人员以非法拘禁罪被判刑，主犯被判1年半，其余9人则分别被判处几个月不等的有期徒刑。据了解，今年5月，北京警方查处了一处河南地方政府设在北京的截访点，抓获10名截访人员。

该报道还称，9月24日，北京朝阳法院第一次开庭审理该案。11月27日，北京朝阳区王四营法庭第二次开庭，审判该案的3名少年犯。11月28日，朝阳区温榆河法庭第三次开庭，审判其中7名成年犯。同日，法庭宣判，10名涉案人员全部以非法拘禁罪被判刑，主犯被判1年半，其余9人则分别被判处几个月不等的有期徒刑。共有10名受害访民到法院旁听了宣判。

报道追溯案情称，今年4月底，有访民被截访人员送到位于北京市朝阳区双合村的一处院落关押。访民称，截访人员挂着河南长葛市政府驻京办的胸牌，关押点是河南省地方政府设在北京的截访单位。据该案的起诉书称，截访人员于2012年2月开始，出资承租了北京市朝阳区王四营乡双合村126号院和102号院。有知情人士透露其为“雇用20多人，非法关押访民”。

**法院澄清案件尚未宣判，消息不实**

不过，2日下午，该报道在各大门户网站被迅速撤下。

人民网发布消息称：有媒体报道称，近日，北京朝阳法院判决河南长葛市10名截访人员非法拘禁罪成立，10名截访人员以非法拘禁罪被判刑，主犯被判1年半，其余9人则分别被判处几个月不等的有期徒刑。朝阳法院向本网证实称报道不准确。人民日报记者从北京市高级人民法院了解到，案件尚未宣判，消息不实。

2日下午，北京朝阳法院新闻发言人在接受《中国日报》采访时也表示：“的确有这个案子，但尚未做出任何裁决”。

网友之间不论真假，关注能否体现民意？

“截访人员获非法拘禁罪”报道援引业内人士说法称，“该案具有明显的积极意义，是对地方政府以截访为名肆意限制人身自由说‘不’，对北京‘黑监狱’也将起到有效的震慑作用。”

这一说法得到众多网友附议，有网友认为，“北京首判截访人员有罪，民主法制又提升到一个新高度。”

在消息被法院宣称不实之后，不少网友在谴责假消息的同时，表示失望。

网友“江哥1979-蒲子里的三流子”称，“不论法院判决截访的新闻是否是真的，从今天媒体和百姓的反应来看，这是否代表了民意呢？”

《中国青年报》知名评论员曹林则在微博中称，“案件尚未宣判，此消息为假新闻，朝阳法院也正联系该报要求道歉。虽然这是公众期待的结果，但不能把期待的当成现实发生的，不能用期待去倒逼事实。”潇湘晨报

内幕。它们无法查证，也不值得查证，充其量就是人们的谈资或者反映了一些情结。还有一部分谣言与新闻并行于同一车道：它们都针对现实中的公共事件，与公众利益相关，能引发较多或较强烈的社会关注。对于这一部分谣言，最好的办法就是让新闻充分地发挥效力，在赛道上把谣言比下去。

三

新闻如何阻击谣言?



首先是新闻要关注各种流言、坊间传闻，当发现其可能引发社会关注、与公众利益相关时，就可以进入报道计划。

其次是新闻通过核实技术，或者将不确切的流言“落实”为对某一事实的确凿的报道，或者发现流言为假，并通过命名机制将其定为“谣言”。一旦社会接受了以事实为依据的新闻对“谣言”的命名，那么这则谣言的生命力也就就此终结了。

而现在的问题是，新闻自身并没有充分发挥作用。一方面，假新闻的层出不穷严重削弱了社会对新闻业事实核实能力的信心和尊重，另一方面，新闻业往往不愿或无力对有广泛影响力的“流言”进行调查。结果是，一则小道消息是不是“谣言”，往往要司法部门或政府部门等公权力部门来界定，新闻界只是跟风报道——先跟着谣言跑，后跟着官方“辟谣”跑?如此浮萍，如何能为舆论提供健康的基础?

当然，这也不能全怪新闻界，甚至主要不能怪新闻界。社会管理者的思路恐怕是更重要的因素，让新闻来阻击谣言，需要给新闻减负，使其勇，使其壮，敦促新闻行其本道。这不仅可以降低公权力的运行成本，提高遏制谣言的效率，而且不伤害社会话语的活跃，从而达到既自由又健康的良性舆论状态。

（作者系南京大学新闻传播学院副教授）

**注释：**

1.Martin Conboy(2004), Journalism: A Critical History.p6.

2.Schudson,M(2013),Reluctant Stewards:Journalism in a Democratic Society. Dadalus.142(2),pp159-176.

3.(法)让-诺埃尔·卡普费雷：《谣言：世界上最古老的传媒》，郑若麟译，上海人民出版社，2008年，第1页。

# 谨防无良策划“绑架”媒体

□罗莎

罗莎

继“母亲跪行筹款救女”和“最美女孩街头喂饭流浪老伯”之后，2013年7月31日，一场人为策划的“小女孩为晕倒清洁工撑伞”的“爱心大戏”又在广州上演。广州一家都市类报纸《新快报》在其中充当了免费“宣传工具”的角色。

为了自证清白，《新快报》不得不连续报道，深挖策划背后的内容，但仍难自清，《新快报》还是被推到了假新闻制造者的风口浪尖。而事件不断发酵后出现另一个直观的结果却是，一家本来默默无闻的保险公司一下子众人皆知。一场负面新闻战，反而提升了这家保险公司的知名度，这是否才是该起无良策划“绑架”媒体的真实目的？这与南都2013年8月20日刊登"前任张太声明"广告事件的手法如出一辙，不管读者的评价好坏，广告客户的宣传目的已经达到。

## 同城竞争“正能量”促抢发报道

2013年8月1日，《新快报》以头版导读方式，于A8版刊发了以主题《孩子，谢谢你！》，副题《清洁工中暑，小女孩撑伞，路人齐施救》的一则仅500多字的图文消息报道，图片来源署名为“报料人供图”。这一“正能量”事件在网络上得到极大关注，一些门户网站迅速转发。

然而，也就在见报的同一天，新浪微博上一名叫“落雨剑”的网友，贴出了该起事件的导演、摆拍经过照片和文字描述，一举将这起“爱心秀”踢爆，并迅速在网上发酵。而新快报记者在追踪采访中，也找到事件的清洁工，她承认这的确是一场策划炒作。

在8月2日的《新快报》A12版追踪报道中，可以看到当事记者这样的表述：“记者随后也被照片中小女孩的爱心和报料人的讲述所感动，觉得这正是社会正能量的积极作用，所以渐渐消除了对报料人说法的怀疑。”

在信息爆炸、负面新闻频现的当下，一份正能量似乎如久旱甘霖，可以激起记者的新闻热情，希望能做好、做大报道。尤其是从大环境来看，广州纸媒发达，仅日常纸媒就有6家之多，其中的竞争激烈度可想而之。如果友媒刊发了，而自家缺稿，不仅可能受到领导的指责和经济上的处罚，更重要的是可能会造成自身媒体在同城媒体竞争中的弱势。

曾几何时，抢发新闻、首发新闻，这一畸形的新闻竞争模式成为了媒体体现时效性的所在。但对于一名新闻从业人员来说，无论是什么类型的新闻报道，记者本身一定要保持冷静和客观，从多渠道了解和核实新闻来源，采访涉事各方的说法，以确保新闻的真实性、客观性与公正性。

## 有图不一定有真相

从新闻采编的流程和技术角度来看，无图不一定没有真相，有图也不一定有真相。

回顾《新快报》8 月 1 日的首发报道，通篇消息内文，仅有“目击者”霍先生一人说法，事件中的清洁工、小女孩及其母亲，并没有只言片语。哪么是什么，让这样一条信源单一的报道，通过了记者、编辑、值委的层层把关，最终见诸报端？答案只有是那张“清洁工中暑倒地，小女孩撑伞”的照片！

随着多媒体手机的普及，互联网、移动终端的高速发展，我们正处于一个自媒体信息爆炸的年代。一部手机、一条微博、一张照片或者一段视频，就可以完成过去一条新闻复杂的生产过程。

但自媒体新闻的产出，仅停留在“自”的层面，缺乏的是传统正规媒体的“公”信力。采编团队不能仅仅只能通过一张照片或一段视频，而放弃了对新闻真实性的核实和甄别。

2003 年，美国对伊拉克战争期间有一张著名的新闻照片，照片的主体是一名被俘虏的伊拉克军人，其左侧有一名美军士兵用枪指着他的头，而右侧则是另一名美军士兵在给其喂水。如果将照片一分为二，便可以形成两种截然不同的效果。其一可以解读为，美军士兵揪住战俘头发，并用枪顶头，有虐俘之嫌。其二可认为，美军富有人情味，为战俘喂水。有图不一定有真相的真谛就在于此，只有采访新闻当事人，才能获得最可靠的信源。

此外，通过技术手段，也能在消息真假的鉴别上起到一定作用。无论是用手机，还是数码相机拍照，都会在原始照片上自动存储拍摄设备、时间和曝光参数。因此，采编在向报料人或目击者索要照片时，应当要求提

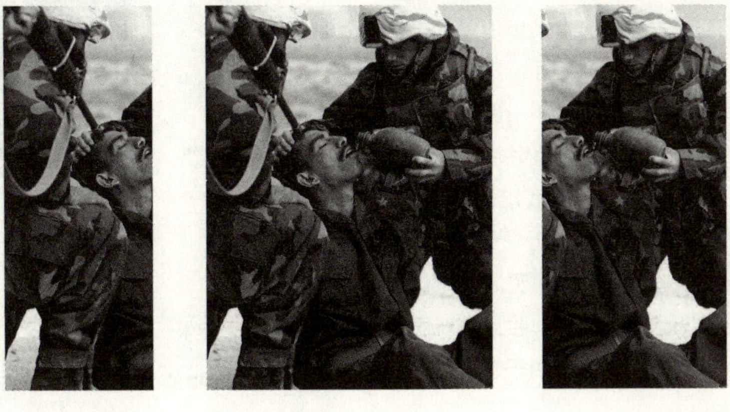

供原始照片，继而通过照片属性获取相关数据。

例如，照片提供者称照片是自己在街头用手机随手拍摄的，但照片属性中“照相机”一项却显示为“Canon”某型号，就有理由怀疑提供者有造假嫌疑。一旦数据与照片提供者所述不符，或者根本无法显示出照片属性的照片，采编人员必须谨慎使用，或者不予选用。

## 点名涉事公司或落入“陷阱”

8月3日，《新快报》对于此事的报道进入第三天，该报记者根据伞上面的Logo信息，找到了与伞相关一家保险公司。

但笔者在网络上搜索时发现，早在8月1日下午，多家门户网站上发布了与《新快报》首发报道高度雷同的文章，并且在文章结尾特意以“记者”名义，加上了一段关于该保险公司的公益活动介绍。

更耐人寻味的是，《新快报》和该报官网8月1日首发报道时，为了避免广告嫌疑，伞上的Logo已被编辑抹去。8月1日下午前，网上关于此事的照片均为被《新快报》处理过的无Logo照片。但在多家门户网发布的文章贴出的照片中，伞上的Logo却神奇地出现了。

种种迹象不能不引发人的怀疑，这是否是一起策划的新闻事件？

也许是为了自我澄清，《新快报》在8月3日A2版，用近一个版的规模推出了涉事保险公司相关负责人的专访，在大标题中为该公司点名，并且重新发布了带有Logo信息的照片。由于缺乏相关证据，《新

地铁21号线
环评审批通过
新快报
单独二胎是否放开
卫计委正在研究
央视斥责策划者
称其人为制造正能量，让人非常愤怒和震惊
“小女孩撑伞”真相再起底
报料人策划者电话来自同一传播公司
“如果不蹿爆的话是很好的正能量”

广州新闻·热点
以为是一份爱心的传递
不料是精心策划的炒作
报料人手机关机
提前一天拍的照片
小女孩也是请来的
策划人塞钱封口
“要是知道用来骗人，我打死也不干”
无良策划重挫社会信任

快报》无力地打出主题《雨伞 Logo 指向 ** 保险公司》，副题《该公司负责人否认策划“小女孩撑伞”事件，称自己是“躺着中枪”》。一家名不见经传的保险公司，瞬间被千万人知晓。

相比之下，8 月 2 日晚，央视《新闻 1+1》栏目对此事进行报道时，对涉事保险公司名称全部隐去，这种做法较为妥当。

从逻辑角度分析，谁在事件中最受益？《新快报》以大篇幅、大标题点名方式为涉事保险公司出了名，无意中帮涉事保险公司做了免费宣传。至于品牌传播，是要通过正面方式，还是想借负无良策划成名，这是品牌拥有者的自由。但不得不说的是，根据传播学规律，一起与受众有着强烈心理冲突，或者容易激起受众愤怒的事件，将让受众记忆深刻。



## 深挖炒作内幕，还是道歉打住？

《新快报》在首发报道之后，共用了 3 天时间，总共 6 个版的规模进行连续追踪报道，但至整起报道结束，也仅有自称是该起事件策划者的霍某现身道歉，事件中纠缠不清的利益链仍然无法清晰。

根据媒体报道，包括此次事件在内，以及之前的“母亲跪行筹款救女”、“最美女孩街头喂饭流浪老伯”和“上海孕妇当街晕倒众人齐施救”等事件，都有线索显示与一家网络营销策划公司有关。但面对媒体追问，该公司相关负责人均否认公司层面参与其中，即使有证据证明事件策划人仍享受着该公司福利，有该公司在职员工参与其中，但该公司居然能拿出策划人的离职证明以对，或者干脆说“这是在职员工个人行为”。此时，媒体再对其进行追问、质疑，无疑是徒劳的，耗费的版面，也只是在给这家策划公司做免费宣传。

而细看《新快报》整组报道，对于公众，除了“深表遗憾”、“深感不安”、“愧疚”外，少了真正“道歉”的勇气。《新快报》的首发报道在记者、编辑、值委等环节出现了技术失误，却没有明确的说法和回应，使它在网络上卷入“假新闻”的漩涡中，遭到一片质疑声。

致歉，或者说坦然面对失误，正视自己的不足，是一个媒体敢于担责的标志。

因此，媒体对于此类策划报道，应该理性地冷处理。与其让策划者的炒作如愿以偿，或者让别的策划者跟着甜头效仿欺世，不如在揭穿其作秀炒作之劣迹后打住，让它在冷淡中忘却。

（作者系南方日报编辑）

# “少年商学院”粉丝如何过4万的

## ——一个传统媒体人玩转儿童教育微信心得

□东方愚

东方愚

一个从业近十年的传统财经媒体人主持儿童教育微信公号乐不思蜀？一位长期报道研究中国富豪和财富变迁的家伙，现在每天在跟一群海内外的辣妈和教育界人士打交道？

没错。我是@东方愚，少年商学院（YouthMBA）微信公号创始人。截至2013年9月24日，我们的微信订户超过4万（截稿前的10月10日，订户超过5万人），现在以每天新增逾1000人的速度增长。现在每天的阅读率近6万人次，转发分享量4000次左右。

### 一、我为什么选择跨界

YouthMBA少年商学院现在分享的内容以国内外人文教育领域故事性强的体验文章为主。我是2013年春节过后开始主持这一教育微信的。原因有二，一是我的孩子在成长，我看到国外一些关于“如何做个好家长”话题的文章非常精辟、干货甚多，一边收藏，一边试着联络、结识作者（真是职业病）。为什么不把这些好东西，分享给我的朋友们呢？

二是过去采访中国企业家，尤其是实业家时，他们大都谈产业布局、资本运作、商业模式、经营管理，这几年，政商关系、移民、资产转移、健康和子女教育，则成为他们最为看重的东西。在如今一个复杂的政经语境里，许多人对大环境由期待变为悲观，他们越发关注本质的“小我”的东西——其实在健康、安全和子女教育面前，“小我”即“大我”。富豪们有一样东西与平庶无异，那就是子女的人文教育。这个远非有钱送个好学校那么简单。

## 二、人文教育怎么叫作“商学院”

什么叫人文教育？这是一个远古的、并不新鲜的词汇。简单来说就是人性的教育：对自由的向往、个性的绽放、创造力的自然养成、知识的渊博、身心的健康等等。中国经济狂奔了十几年，物质丰富得不得了，但我们突然发现孩子们正变得越来越让人失望，最本真的东西丢掉了。

叫做“少年商学院”，与自己长期以来一直浸淫财经领域的情结有关。“商学”的范畴其实很广，它提升的是人的系统性逻辑思维能力和对事物的设计与运营能力。但普通人听到“商”这个字眼，就会理解成为经商、理财，诸如此类。现在少年商学院也分享有财商内容，但占比并不大。我们现在综合坊间的提法，把“商”分成为十种类型：智商（IQ）、情商（EQ）、财商（FQ）、德商（MQ）、胆商（DQ）、心商（MQ）、灵商（SQ）、志商（WQ）、健商（HQ）。所提供的每篇文章的内容对应不同类别。

三四月份的时候，我在美国呆了一阵。拜访了几所学校和一些教育人士以及家长、孩子。我第一次近距离感受到与美国人在人文教育方面的巨大差距。我们改变不了太多，更没想过撼动教育体制，但所谓星星之火可以燎原，我们至少可以发挥自己的优势，甄选和提供优质人文教育内容，嫁接国内外的资源，让家长多一份启发、少一份焦虑，让中国孩子少受一点体制的戕害。

## 三、订户增长的加速度

7个多月，4万订户，其实速度并不快。要知道，从0到1万，我们用了5个多月的时间，从1万到2万，用了一个月的时间；从2万到3万，用了20天的时间，从3万到4万，用了10天的时间。值得一提的是，自始至终基本没有做过什么推广。

微信公号开设伊始，我就对与我一起主持的两个小伙伴商定了一个规矩：周一周六，每天分享一篇文章，不管遇到什么困难，都要坚持做到。做一件事情一旦形成习惯，能量是无穷的。实际上你只要不是三天打渔、两天晒网，每周多一篇少一篇也没多少人过问的，关键在于承诺了就要做到，如果做不到，订户不知道文章发送的规律，对你的信任就会减弱。

从0到500是第一步。一开始的做法与自媒体人无异，把文章发送给自己，然后在朋友圈里写道：小伙伴们，让我们与孩子一起成长，这是我主持的一个微信公众账号，请关注、支持。连续几篇文章后，有的朋友看了觉得真的有价值，就关注了。当然有的朋友是纯粹给我面子，也关注了。这都没有关系。我深信路遥识好马。坚持分享了半个月后，每天都有新增订户，然后有人开始回复：你们分享的内容干货蛮多的。



7月上旬的时候，少年商学院微信订户突破1万人。这个时候，我知道，它已经不单单是一个微信账号了，我们势必会考虑衍生品，变成一个新媒体机构，或是一家俱乐部。

## 四、内容为王

9月的时候我们发布了一份《YouthMBA少年商学院首季120篇精选文章目录》。关注微信公号后，回复“目录”可得，每篇文章对应一个代码，回复代码即可提取到这篇文章。目录一发布，有朋友问：这些文章都是从哪里来的啊?

这是一个非常好的问题，包括两个方面：来源本身，以及是否获得了授权。我自己就是一个写作者，所以我主持少年商学院微信一开始，就要求小伙伴们：注明出处和原作者是最起码的职业道德。事实上大家可以看到，少年商学院微信里推送的文章，绝大多数是身在海外的华人父母及教育人士所写，而我们皆拿到了授权。

事情原本就应当这样干，这是常识。所谓集沙成塔，我们获得授权后发布文章，读者和作者都能感受到我们的专业精神，信任度就会增加，粘性就会增强。读者粘性的增强，会促使他们将微信推荐给更多朋友或在朋友圈分享。而作者粘性的增强，因自己的理念获得认同，变得更乐意更有动力分享自己的心得。

十年媒体从业经历,核心的本事有两件。一是信奉“内容为王”。有料、有深度，同时故事性和趣味性强的东西一定是硬需求。二是大视野，不会一叶障目，看到一个话题后会站在一个更长的时间跨度、一个更立体的坐标去思考和解构。这两件本事借用到现在主持儿童教育新媒体，前者自不必言，就后者而言，它让我们跳出教育看教育，跳出中国看中国。对资源的整合是全球性的。

不同的是，运营微信公号，我的角色不是总编辑，而首先是产品经理。你的受众特征是怎样的？你提供的内容与服务是否是受众真正需要的，产品能否不断升级？因为与受众内容零距离互动，这得以让我们更精准地生产优质内容、提供优质服务，在传统媒体积累的核心竞争力其实是变得更强了。

## 五、大数据的力量

2013 年 8 月上旬开始，微信公众平台后台，有了“数据统计”功能。这是一个非常棒的工具。也是从这个时候开始。我决定公开少年商学院微信的数据。每天发送文章的时候，会标注上截至前一天共有多少人与你一同订阅 YouthMBA。我们应当是最早甚至可能是唯一每天公布订阅数的公众账号。不造假、不作秀是我们的基本原则。透明能够让所有人看到一个纯粹、率真的少年商学院( 以下所有数据均截至 2013 年 9 月 24 日 )。

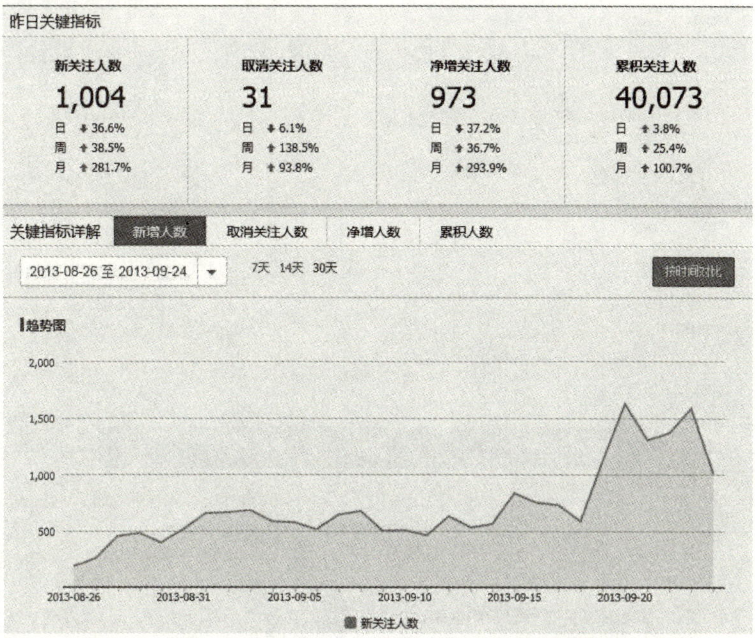


图 1：“昨日”指的是订户超过 4 万的 9 月 24 日。下图上栏黑体数字可看出 9 月 24 日当天少年商学院微信订户净增 973 人。

下栏的曲线图可看出，前半段，订户冲向 2 万时，平均每天增长 250 人；

而从 8 月底，即订户突破 2 万后，增速明显加快，平均每天增长 600 余人；订户突破 3 万，平均每天新均 800 到 1000 人。

详细数据　　导出CSV

| 时间 | 新关注人数 | 取消关注人数 | 净增关注人数 | 累积关注人数 |
|---|---|---|---|---|
| 2013-09-24 | 1,004 | 31 | 973 | 40,073 |
| 2013-09-23 | 1,583 | 33 | 1,550 | 38,608 |
| 2013-09-22 | 1,364 | 39 | 1,325 | 37,170 |
| 2013-09-21 | 1,301 | 58 | 1,243 | 35,965 |
| 2013-09-20 | 1,621 | 46 | 1,575 | 34,539 |
| 2013-09-19 | 1,116 | 20 | 1,096 | 33,225 |
| 2013-09-18 | 583 | 17 | 566 | 32,652 |
| 2013-09-17 | 725 | 13 | 712 | 31,944 |
| 2013-09-16 | 747 | 33 | 714 | 31,229 |
| 2013-09-15 | 834 | 15 | 819 | 30,439 |
| 2013-09-14 | 558 | 22 | 536 | 29,834 |
| 2013-09-13 | 527 | 17 | 510 | 29,354 |
| 2013-09-12 | 628 | 8 | 620 | 28,713 |
| 2013-09-11 | 458 | 22 | 436 | 28,269 |

图 2：这是过去两周每天的订户变动数据：

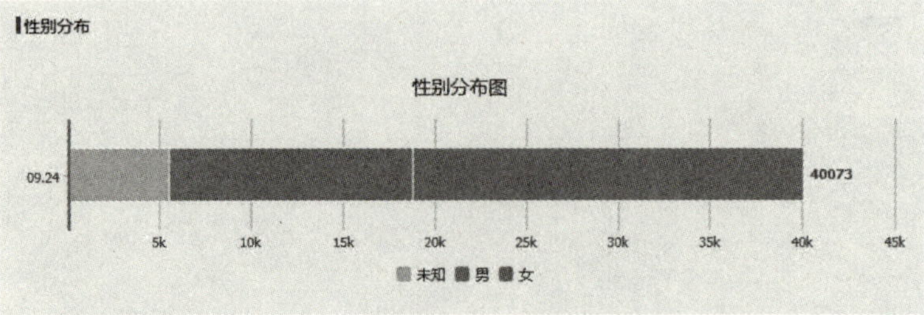


图 3：少年商学院微信订户的性别比例大约 2：1，即大约 67% 为女性，33% 为男性。而从后台微信订户的头像大体可看出，近 90% 的订户为父母或准父母。我们分享的文章尽管是案例和故事，但以理念碰撞、人文教育为主。相对而言订户的文化层次、收入水平中上。

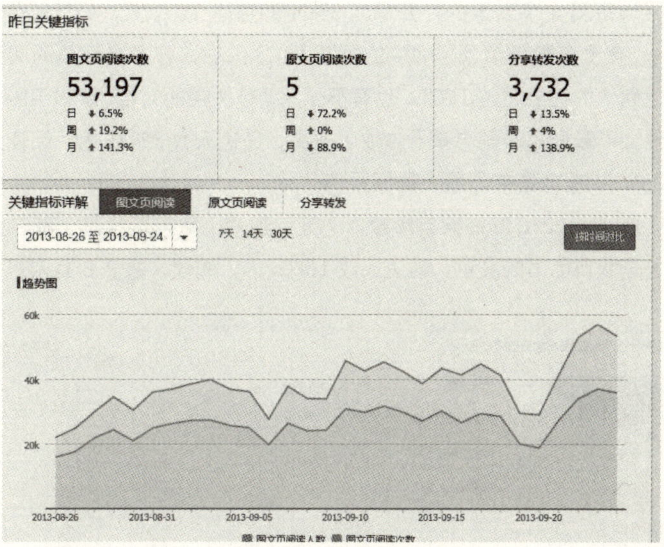


图 4：上图中上栏黑体数字是 9 月 24 日少年商学院微信里所有文章总共被阅读 53197 次，被分享转发 3732 次。

这个数据令我们欣慰。因为 9 月 24 日当天下午推送的文章，截止晚上的阅读量为 7720 次，转发 308 次。也就是说，我们少年商学院所有的“旧文”，在这一天里的阅读量超过 5500 次，转发数量超过 3400 次。这说明我们的文章形成了一个内容系统，良性循环。另外，要注明的是因为我们的文章基本没有链接 Web 页面，所以“原文阅读次数”一般为 0 或个位数。

| 时间 | 图文页阅读 | | 原文页阅读 | | 分享转发 | |
|---|---|---|---|---|---|---|
| | 人数 | 次数 | 人数 | 次数 | 人数 | 次数 |
| 2013-09-24 | 35,813 | 53,197 | 5 | 5 | 2,799 | 3,732 |
| 2013-09-23 | 37,011 | 56,869 | 17 | 18 | 3,117 | 4,313 |
| 2013-09-22 | 33,936 | 52,823 | 19 | 19 | 3,026 | 4,116 |
| 2013-09-21 | 27,299 | 41,322 | 22 | 25 | 2,330 | 3,190 |
| 2013-09-20 | 18,850 | 29,029 | 16 | 19 | 1,631 | 2,324 |
| 2013-09-19 | 20,109 | 29,466 | 14 | 21 | 1,888 | 2,808 |
| 2013-09-18 | 28,517 | 41,168 | 15 | 16 | 2,229 | 2,932 |
| 2013-09-17 | 29,350 | 44,647 | 5 | 5 | 2,592 | 3,589 |
| 2013-09-16 | 26,606 | 41,254 | 9 | 11 | 2,247 | 3,000 |
| 2013-09-15 | 30,147 | 43,237 | 4 | 7 | 3,126 | 4,213 |
| 2013-09-14 | 27,097 | 38,531 | 7 | 8 | 2,579 | 3,341 |
| 2013-09-13 | 29,775 | 42,264 | 13 | 16 | 2,201 | 2,940 |
| 2013-09-12 | 31,606 | 45,179 | 21 | 23 | 2,641 | 3,486 |

图 5：这是过去半月里少年商学院微信文章每日总的阅读次数与分享转发次数。

平均每篇文章当天的打开率为 35%（即送达 10 个人，4 个人当天打开看），高于多数微信公号 20% 的打开率。3 天后，许多文章总的阅读率平均达到 70% 甚至超过 100%。也有不少持续被关注的文章，譬如下图《美国为什么不鼓励家长辅导孩子作业》一文，送达人数 29694 人，阅读人数 30433 人；《教育是中国最大的假冒伪劣品》一文送达 17531 人，阅读人数 23116 人；《270 部经典电影融入 7 分钟短片：看电影也是一种伟大的习惯》是我自己写的文章，送达人数 16705 人，阅读人数 25880 人。



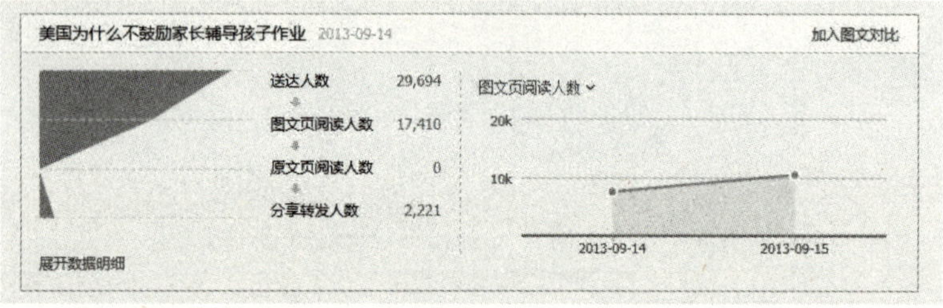


图 6：《美国为什么不鼓励家长辅导孩子作业》一文的每日数据。

## 六、期许与愿景

主持微信公众账号的经历，于我而言也是一种过渡和转型，现在我已决定全身心经营 YouthMBA 少年商学院。回想起来也挺好玩的，5 年前我和胡润合作写《胡润百富榜：中国富豪这十年》一书的时候，我面对的研究和采访对象，是身价动辄数十亿、上百亿的企业家，他们中多数人的企业规模越来越大，仿佛“大即是美”，实际上很多时候他们是无奈的大，被地方政府、被股东裹挟着变大，同时变得更危险。而现在我面对的，一是作为个体的家长。越来越多的家长不求孩子的学习成绩出类拔萃，只求孩子身心健康；二是一些企业、教育机构，他们突然发现之前屡试不爽地给客户提供打折优惠信息以提高用户粘性的做法，已经不再是灵丹妙药，这些客户当然不排斥物美价廉的东西，但也越来越渴求知识和智趣分享，喜欢小而精致的东西。

而教育和新闻的共同之处是，某种意义上都具有启迪民智的功能。它们都希望世界变得更好，希望所有人都变得幸福。当然正如文初所言，我的从业经历，也注定了当我转型教育领域深耕时，我的思路、模式与传统教育行业人士有很大的不同。我们是一个跨界者，也是新模式的探索者。

线下我们会推出跨媒体和教育的一套系统性内容产品，线下我们会开展跨财经和教育的一套系统性的活动产品。个人、教育机构和企业，都可能成为我们的合作伙伴或目标客户。我们第一步是想成为儿童人文教育优质内容提供商，我们正在全球寻找一百名专栏作家，筹建一个国际视野、中国情怀的高品质人文教育网站，同时我们正与一些教育机构和企业探讨在内容生产、定制等方面合作的可能性。线下方面，我们计划从大城市开始组织线下活动。除分享会之外，我们也在从海外引进大陆孩子未曾体验过的体验式跨界知识项目。

长路漫漫，但我们不孤独，也信心满怀。不为赚多少钱，只为内心充盈。

（东方愚，原名张华，资深媒体人，财经专栏作家，跨界教育倡导者。博客 www.zhanghua.cn）

# 大数据挖掘告别混沌奔有序

□支庭荣 徐扬

支庭荣



人生如戏，戏如人生。从社会学经典欧文·戈夫曼的《日常生活中的自我呈现》一书的观点看，一切也皆是一场场的表演。前台，人们尽力展示一个合乎规范和期许的社会化的自我。后台，涌动着力比多的杂沓。当下传媒中颇也有“反表演的表演”一面，比如，无论天涯猫扑，还是新浪腾讯，各种暴露癖的帖子博文，都在试图将后台搬到前台。不过，前台也制约着，甚至逆袭着后台。

## 大 V 回归草堂

自 @ 薛蛮子节操一失，微媒体世界虽天色犹长，大 V 们纷纷转入凉簟碧纱厨，啃尽床头几卷书。原来“大 V”一词实在货不对板，莫若“大 A”来得精准。本是一副王牌，BBC 眼里的“BIG V”，却拉出了一条“过山车”般的曲线。

2006 年 Twitter 问世，2009 年新浪微博内测上线，这一种簇新的社交媒体形态，火爆异常。又不知从何时起，中国的舆论场经多个热点的发酵，多了一个水深火炙的平台。匿名中有实名，实名而后大 V 出，娱星一叹倾倒万千大众，绝世奇事围观十里长亭；趋利避害者翻云覆雨，蛊惑党伐时蔽日遮天。遂令网络舆论生态，从河清海晏，进入扰攘纷飞的刺金时代。

玩火自伤，火火必焚。立二拆三，拆四贪嗔。自净不成，当头棒喝。重拳之下，蝇灭虎震。微博别有洞天，岂容拐骗坑蒙。传谣不信，信谣不传，两只狗咬死13只鸭如何能编成“一家十三口惨遭灭门”的新闻！

洗尽名利浮华，逼近言说本真，抛开各种恶意不论，仍有许多的大V们，在招摇、自恋和披露行藏之余，廓清常识，坚守良知，反观和实现自我，乃至追寻终极的使命和存在的意义。也有不少的官微，坐拥千万级的粉丝，不靠心灵鸡汤，养生美颜，单凭面对重大新闻时的敏锐姿态，仍能博来眼球。

但是，从微博场域到社会场域的溢出，网络话语对现实的搅拌，往往意在言外，非大V或推手所能左右。所谓我虽不杀伯仁，伯仁却令我心戚戚。《南方周末》一则关于大V的报道，提到了“粉丝超过一百万，就是全国性报纸”和君临批阅、御览天下的惊人错觉，正是以其昏昏，使人昭昭。

起底超级大V们的真实样貌，从商业层面上讲，也是好事。如果一个新媒体平台依靠2000个左右超级大V们推动着信息再生产，分明是传统媒体的做派，反而削弱和限制了社交媒体的功能。上海交大的学者魏武挥，在他的微博中力挺中V和小V，认为正如一个稳定而且有发展前景的社会应该是菱形社

北京晚報

WWW.TAKEFOTO.CN

[水娃游京城 5]

城南首个大水厂
明年通水

>> 4

2013年8月25日 周日 农历癸巳年七月十九　今夜 晴间多云 南转北风一二级 最低温22℃ 明天 晴间多云 北转南风二三级 最高温35℃

涉嫌卖淫嫖娼
微博大V薛蛮子
涉嫌制造传播谣言
新快报记者刘虎
涉嫌敲诈勒索
网络知名爆料人周禄宝
被抓

>> 2

北京规划
最美屋顶

>> 17-21

购车摇号
84中1

本月逾155万人参与
比上月难度增大

>> 3

升级军事打击方案
4艘驱逐舰地中海待命
美国要打
叙利亚？

>> 11

会一样，保证中小微 V 们的活跃度，倾听他们的心声，满足他们对功能的需求，才是正确的微博商业态。

在从博客时代向微博时代的过渡中，人们见证了大 V 的高楼平地崛起和绚丽一时。纵使大 V 们已从华丽中转身，宁肯在放逐和合作中寻找自身定位，宁肯在草堂中啖汤品茗，更加慎用网络，惜于煽情滥情。是否还可以追问：本来人人平等的微博使用权利，却不得不然地走向集中和垄断呢？小微用户们，能够避免受挟于大 V 的各种腾挪组合，而不至于丧失自我，力竭声嘶或徘徊彷徨于九转百折的迷宫呢？



## 媒体快对审判

2013 年 9 月，是一个被密集聚焦的“审判月”。多起有影响的案件：薄熙来案、雷政富案、杨达才案、房叔房媍案、摔婴案、首都机场爆炸案、南京饿死女童案……相继开庭审理或宣判。这些案件均采取较高程度的公开审理方式，接受社会和舆论的监督。

以往一些重大的案件，因空间的限制，参与人数受限。而今，从传统媒体的报道到网络新媒体的全程直播，跨界媒体提供了通透的渠道，让民众变得无比地紧张和专注。其中，济南中院开创的庭审微博直播的范例，跨越了传统媒体冗赘的采编长河，直接同步于法庭的节奏，做到了以快打快。

毫无疑问，这种不断深入的司法公开形式，在推动社会公平正义前行。媒体不再独享先期干预审判，未审先判的那份风骚，因为审判的令人眩晕的速度已领先于媒体。

“水可载舟，亦可煮粥”。媒体既可以是司法机关错案预防的积极力量，也可能促成司法的天平向偏颇的一方倾斜。“媒体审判”一词，给出了不仅仅是司法的难题，而且还关乎伦理情常。美国高速公路上追逐犯罪嫌疑人的电视直播，报章对蝙蝠侠杀手的渲染，迎合了公众对事件的好奇心，也在不经意间设下悬念，诱发了下一波的仿效者。在案件审理中，一些尚未有司法定论的事实，会被媒体经由民意之口进行“判断”，此时舆论对犯罪事实和司法衡平的爆炒，就可能将压力传之于律师和法官之上，形成“关说”，不免有挥泪斩马谡之虞。眼见不一定为真实，不一定为至善，不一定为壮美。一些案件当中，悠悠公众之口，往往会比较简单，比较抽象，比较极化，甚至会以道德来代替法律，以人情来化解事理，以好恶来替代是非。何况色非是空，是非不等于黑白，灰色地带充满弹性，媒体的摄像机，始终不能只关注眼球而忘记兜底的私心一闪念。

有人把摄像机比作是有温度的记录者，捕捉良辰美景，珍藏温馨时刻，摇向午夜星河，转播叩人赛事，或者冒烟突火，直奔残酷现场，吼向这里的伦敦，还原真相，救死扶伤，莫不是人间精灵的化身，正气赋予的流形。唯独在司法面前，在人类孜孜以求的正义面前，媒体需要降低一些“温度”，做一个冷静严肃的记录者和传播者。能否克己复礼，客观报道，真实传递案件信息，避免让风头裹挟司法，是成熟程度的试金石。唯有把握这种平衡，让公众的感情少一些偏执，多一分理性，才能使司法、理性和正义，获得足够的尊重。

当然，媒体有可能，也可以不是司法的绊脚石。无论传统媒体还是新媒体，除了承担法律普及者的功能，今日说法，还可以小心翼翼地推动讨论，让法治精神不会束之高阁。诸葛一生唯谨慎，肆意放大的哪怕无心的伤害，都要难免犯糊涂。

媒体的摄像机不是单向地对案件进行播报，正如当下的网络反腐，将全世界网民的“潜规则”推向了空前的高度，它提供了一个相对畅达的平台，以较低的成本，将阴影暴露于阳光之下。

## 数据打捞现实

以前流行淘金，后来热衷淘宝。大数据时代，淘新闻兴起。国家人社部新近推出了网络舆情分析师培训计划，培养专人归纳、提炼及呈现海量的新闻资讯和重要信息。

一个人的言说，若没有接收者，或没有到达目的地，如同向着空中说话，对着墙壁发声。网络的内容生产其实激起了巨大的漩涡，网民的一两声呼号不能不石沉大海。面对复杂的社会现象和新闻事件，进行信息梳理的工作专业化了，把关人再次出现。如央视主持人白岩松所说，食材极大丰富的时代，大厨的价值，对舌尖上的中国意味隽永。

当然，网络舆情的筛选其实有迹可循。大V的赫赫，一士的谔谔，莫不来自于千夫的诺诺。众人的叫好，众口的铄金，众声的喧哗，是用转发数、评论数和点击率的指标衡量的。是萝卜白菜，糟糠秕谷，还是鲍参肚刺，是绿色天然，还是虫灾药害，可以车载斗量。倘若未雨绸缪，洞悉先机，更是平邦之策。

历史上也有舆情分析的母版。茅海建教授《天朝的崩溃》一书中提到一词曰“剿捕档”，是用来抄录平叛镇反事件谕旨的簿册，一般都是文书大臣专呈给四方宾服的皇帝看的。这些情报搜集成为统治者的利器，仿佛主权斗士爱德华·斯诺登所披露的美国安全机构的数字铁幕。好在世易时移，网络舆情分析亦能普遍地造福于业者和个体。明星巨贾，学霸大儒，共商国是；平头百姓，贩夫走卒，襄助谈资。

在网络使用的过程中，每个人的小宇宙都能被瞬间引爆。浏览头条新

闻，跟读总裁语录，观二狗逗春发生，赏潘总捧任志强，看花总丢金箍棒，挑选身边事，属意意中人，总有点点滴滴滤过在心头。

一如温水煮青蛙，如果个体或组织体察不到周遭的环境，缺少对大局充分的判断和评估，便容易走向危险的境地。所以政策设计者需要舆论分析作为研究对象；管理执行者需要舆论分析作为对时局判断和工作部署的基础；媒体工作者需要舆论分析去寻找新的热点，跟进报道；我们需要舆情分析作为生活的路线图。信息的冗杂和泛滥激发了对舆情深度分析的需求，它与开启民智的关系，倒在其次。



## 文化万马奔腾

对于文化产业来说，这似乎是一个最好的时代。7月华谊兄弟收购银汉科技进军手游以来，公司股票屡次涨停，还刺激了其他传媒个股。

2012年底，大连万达集团在北京成立文化产业集团，涉及9个行业，集团数据显示，它的资产总值达到310亿元，成为国内最大的民营文化企业。正如万达董事长王健林所说，文化做成大产业是可行的。受益于用户及广告投放向新媒体的加速迁移，传媒的股票近年来都是交易异动榜上的常客。

发达国家的经验证明，文化既是产业的内在元素，又是产业的一部分。以美国为例，文化产业的产值占到GDP的1/5左右。除了产值，更强有力的是文化输出，吃喝玩乐行业的美国巨擘们，彰显着文化强国的辐射力。

说到文化产业，不得不提及电影，多部国产电影的火爆票房并非偶然。如今众多团购网上销量领先的都是电影票，一方面源于人们精神享受方式的改变，一方面得益于院线集团利用传媒进行推广，进行系列周密、精准的营销。上一年的《泰囧》，本年度的《小时代》就发挥得淋漓尽致，被争相模仿。报纸、电视、广播、公交、电梯、地铁、航空……一切公共场所，都是商业片硝烟弥漫的战场。

光线传媒遍布全国的营销发行渠道，展示了系列电影品牌化的各种可能。电影的成功也可为电视渠道的扩张提供强劲的动力。正如当年一家家报业传媒集团的成立，如今实力更雄厚，产品线更丰富的文化集团，势将突围而出。

长远来看，电视剧B2B和电影B2C两种不同的商业模式正在融合，电影行业的增速与电视剧行业相得益彰。网络游戏领域，依然以优秀的现金流傲视江湖，而端游、页游正在进入瓶颈期，手游火爆成为增长点，特别是基于微信平台的游戏，将社交与游戏结合，前景诱人。国家在大力支持文化产业的发展同时，也会提高行业的准入门槛，文化产业的繁荣发展依然可期。

（作者分别系暨南大学新闻与传播学院教授、研究生）

# 传统媒体产业化转型路径探析

□郭全中

郭全中

当前传统媒体在进行互联网媒体转型时，收效甚微或者根本找不到合适的路径，而利用自身的品牌、行政资源、人脉和策划能力进行产业化转型有可能探索出一条转型的新路，当然其前提是在认清产业发展趋势的基础上遵守相关市场规则。对于文化地产、文化产业园等文化相关产业讨论地已经比较多，本文主要研究文化旅游业和养老业等。

## 一、文化旅游业将迎来大发展

随着生产力水平的快速提高和经济社会的全面发展，个人的闲暇时间更多、物质条件更好，对文化的需求也更多；随着互联网的进一步发展，在虚拟世界中花费时间越来越多的个人更需要在现实环境中进行“真实体验”，其直接影响就是异地旅游需求巨大，本地化旅游潜力无限。

### 1. 旅游业规模快速扩大

根据相关研究，当一国或地区的城镇居民可支配收入超过 3000 美金时，当地的旅游业将进入快速发展期。根据国家统计局相关资料，2002 年到 2012 年，我国国内旅游总收入从 2848.10 亿元增长到 22706 亿元，增长了 6.97 倍；国内游客数从 8.78 亿人次增长到 29.6 亿人次，增长了 2.27 倍；国内游客人均花费从 441.8 元增长到 767.09 元，增长了 73.63%。尤其值得注意的是，2011 年是我国旅游业发展的质变点，国内旅游业总收入同比增长 105.29%。具体见表 1。

表 1　2002-2012 我国旅游业发展情况表

| 年份 | 国内旅游总收入（亿元） | 国内游客数（百万） | 国内游客人均花费（元） | 城镇居民可支配收入（元） |
|---|---|---|---|---|
| 2002 | 2848.10 | 878 | 441.8 | 7702.8 |
| 2003 | 2404.10 | 870 | 395.7 | 8472.2 |
| 2004 | 3359.00 | 1102 | 427.5 | 9421.6 |
| 2005 | 3656.10 | 1212 | 436.1 | 10493.0 |
| 2006 | 4414.70 | 1394 | 446.9 | 11759.5 |
| 2007 | 5550.40 | 1610 | 482.6 | 13785.8 |
| 2008 | 5971.70 | 1712 | 511 | 15780.8 |
| 2009 | 7233.80 | 1902 | 535.4 | 17174.7 |
| 2010 | 9403.80 | 2103 | 598.2 | 19109.4 |
| 2011 | 19305.39 | 2641 | 731 | 21809.8 |
| 2012 | 22706 | 2960 | 767.09 | 24565 |

资料来源：根据国家统计局相关年鉴资料整理。



**2. 文化旅游成为新的热点**

旅游景点可以分为自然景观、古迹和人造景观三大类，很多自然景观和古迹需要人们有较长空闲时间进行异地旅游，而随着人们生活节奏的加快，尤其是平时工作很忙的都市白领更需要及时、就近的休闲方式，这就为人造人文景观提供了广阔的市场空间。尤其是能同时满足人们文化需求和旅游需求的文化旅游业就更有潜力，迪斯尼、华侨城、万达、宋庄和798 的的实践证明人造文化旅游业潜力巨大，如坐落于深圳市大梅沙地区的东部华侨城就是一成功的典范，东部华侨城是华侨城集团斥资 35 亿元建立的国内首个集休闲度假、观光旅游、户外运动、科普教育、生态探险等主题于一体的大型综合性国家生态旅游示范区，在其 2007 年 7 月 28 日到 2008 年底的项目一期就接待游客达 300 万人次，实现税收 5.08 亿元。

**3. 华侨城为国内文化旅游业提供了成功的范本**

首先，文化与旅游的结合更能吸引游客。华侨城为弥补主题公园静态展示难以满足游客的文化等多样化需求的缺陷，推出了旅游文化演艺这一新颖的市场形式，用故事把文化直观地呈现给游客，使得游客的旅游体验更有文化味，自然也就大大增强了对游客的吸引力。自从 1991 年推出的第一台大型旅游文化晚会《艺术大游行》一炮而红以来，累计推出超过

60 台大中型演出剧目，每天演出 200 场，累计演出 6.4 万多场次，旅游演艺的整体规模居全国首位。

其次，能够积累深厚的文化积淀。华侨城有意识地把文化引入到旅游业，通过二十多年的积累，已经形成了深厚的文化沉淀。一是 1989 年 11 月 22 日，华侨城推出了中国第一个主题公园——锦绣中华，游客可以“一日遍览中国五千年文明史，一日走完中国名胜古迹”；二是 1991 年，中国民俗文化村又在华侨城拔地而起，24 个村寨，56 种风情，荟萃了各个民族的民间艺术、民俗风情和民族特色建筑。三是 1994 年，“世界之窗”开业。以“你给我一天，我给你一个世界”为主题，汇聚了人类文化的精华。四是 1998 年，欢乐谷主题公园建成，让游客在体验中感受文化。五是 2006 年 7 月，北京欢乐谷正式开业，通过举办老北京风格的庙会等形式彰显北京特色，也成为北京首批文化创意产业基地。六是成都欢乐谷更好地体现了巴蜀文化。七是上海欢乐谷则重点体现上海滩风情。八是在其主题酒店都体现了独具特色的文化，如华侨城大酒店以西班牙文化为主题。



此外，尤其值得一提的是东部华侨城，东部华侨城一期充分体现了中西文化的交融并兼有“茶、禅、花、竹”等主要元素的茶溪谷、天禅晚会、首届国际山地歌会等。2008 年 10 月，东部华侨城华兴寺建成开放，体现了佛教文化和旅游文化的有机融合的理念。

第三，品牌效应显著。华侨城在坚持文化创新的同时实现了与旅游地产的有机结合，打造一批拥有自主知识产权文化旅游品牌。一是包括 2000 年创办至今的华侨城旅游狂欢节，并形成了独具特色的“节庆”王牌：

世界之窗的国际啤酒节和冰雪节、民俗村的泼水节和中国功夫节、欢乐谷的玛雅狂欢节、国际魔术节和流行音乐节、东部华侨城的国际茶艺节等等。二是 2004 年，华侨城斥资 6000 万改造华夏艺术中心，并与华侨城酒店集团组合，总投资 4000 万元人民币，打造了纯粹的“拉斯维加斯大型表演秀”《E 秀》，编导和演员都来自美国。三是 2006 年以打造当代艺术空间为目的成立的 Loft 创意社区；四是 2007 年推出东部华侨城品牌和 2011 年 8 月推出的中国主题商业全新模式——欢乐海岸。五是 2008 年到 2011 年，华侨城先后在北京、成都和上海建造了独立于景区的城市剧场，并结合这些城市的文化和地方特色分别打造出了独具特色的大型城市秀《金面王朝》、《天府蜀韵》、《深蓝秘境》。五是 2001 年成立了国际传媒公司，已经拍摄了《绝对权力》、《搭错车》、《七剑下天山》、《垂直打击》、《光荣岁月》等热播全国的影视剧。此外，锦绣中华、民俗文化村、世界之窗、波托菲诺、新浦江城、何香凝美术馆、OCT-LOFT 创意文化园、长江三峡旅游、华侨城大酒店、威尼斯酒店、茵特拉根大酒店、城市客栈等一系列著名品牌已经享誉国内。



**4. 科学的商业模式是抓手**

文化业与旅游产业完全可以有机融合，一方面文化资源的融入可以提升旅游业的品质和竞争力，另一方面旅游业又为文化业的发展提供较为扎实的商业基础。当然要真正实现二者的有机融合，还必须落实到科学的商业模式上，以实现商业的闭环。

首先，能够有效地留下游客。旅游业运营的关键是能够留下游客，游客的衣食住行将为当地带来远远大于门票的收入，通过将文化元素植入旅游业，游客就更能够获得心灵上的愉悦，也更愿意留下来消费。当然，综合性的文化旅游通过提供休闲酒店、娱乐等设施，也更能满足游客多样化的需求。例如，华侨城近年来开发的一系列旅游产品，业态就覆盖文化主题景区、连锁文化主题公园、旅游度假区、旅游综合体、当代艺术馆群、公众开放空间、创意文化园、儿童职业体验园、星级酒店、经济型连锁酒店等，并针对异地游客和本地游客等不同消费群体的不同需求，打造了生态度假、都市娱乐、滨海休闲、养生旅游等。再例如，万达拟在通州文化产业园投资建设首个文化旅游项目，规划中就有文化、旅游、商业、主题公园、酒店、会议中心六大内容，文化项目内容包括大型舞台秀、电影科技娱乐、名人蜡像馆、美术馆、电影城等项目。

其次，能够以较低的价格获取土地等稀缺资源。文化旅游能够在很大程度上提升周边的地产价值，而文化旅游业又是一个投入回收期较长的行业，因此，当地政府一般给予较大程度的土地优惠并给予相应的商业和住宅土地的配套。这些优惠政策的获得是文化旅游项目成功的关键所在，传统文化企业虽然也积极拓展各类文化旅游项目但成效不大的症结也在于此。

第三，有效的商业模式必须具备可复制性，能够适应不同区域的环境和条件。华侨城积极复制其商业模式，深圳东部华侨城，深圳西部华侨城，北京华侨城，成都华侨城，上海华侨城，云南华侨城，西安华侨城，天津华侨城，武汉华侨城，泰州华侨城等项目的开展表明其全国性的战略布局已经形成。目前，华侨城在全国重点城市已开发建设旅游综合项目 14 处，截至 2012 年底累计接待游客 2.2 亿人次，成为毫无疑问的中国旅游业第一品牌。



**5. 已经成为投资热点**

首先，万达文化已经把文化旅游业务作为集团除商业地产之外的最重要核心业务来抓。2013 年 4 月 28 日，万达文化旅游城在哈尔滨动工，占地 80 公顷，总建筑面积 90 万平方米，总投资 200 亿元。5 月 28 日，万达与合肥市政府签署投资协议，拟在合肥滨湖新区打造万达文化旅游城项目，项目总投资将超过 300 亿元，其中文化旅游投资 190 亿元，计划今年开工，2016 年建成开业。7 月 20 日，万达·西双版纳国际度假区在厦门正式亮相。项目位于西双版纳景洪市，占地 6 平方公里，是市区总面积的 40%，由七大业态组成，包括主题公园、酒店、商业、生态公园、剧院、医院、学校。度假项目总投资 150 亿元，是西南地区投资额最大、内容最丰富、创新度最高的度假项目。

其次，中信产业投资基金管理公司大举进军文化旅游业。中信产业基金已经与贵州省荔波县签订旅游开发战略合作协议，中信基金将投资 60 亿元开发荔波旅游产业，荔波是贵州首个世界自然遗产地，民族文化极具

凤凰加强文化地产战略 探索医疗养老地产

来源：新华网　2013年09月12日 11:30

作为全国性的文化产业龙头企业凤凰传媒旗下公司，江苏凤凰置业投资股份有限公司（下称凤凰股份）打了一手很好的文化地产盘。

凤凰股份以"筑造城市文化标杆"为目标，将文化主题落实到地产开发中，创立独特的文化地产开发模式，立足南京，发展江苏，辐射华东，打造一流的文化地产开发项目，被赋予"文化地产领跑者"的美誉。

地产战略方面，凤凰股份利用文化地产业务在跨区域发展中低价拿地，依托文化MALL提升了住宅综合品质与价格，结合"定向挂牌、打包拿地"以及"住宅地产配套文化MALL"特色取得了稳定和长远的发展。

除了文化地产项目，凤凰股份正在探索医疗养老地产。凤凰股份认为以人为核心的新型城镇化将是最大的内需潜力，也是稳增长、调结构、促改革的重要抓手。人口老龄化为社会经济发展带来压力的同时也创造出巨大的需求。因此，国家新型城镇化的建设导向和社会发展的内生需求将为房地产行业带来新的发展机遇。

凤凰股份表示，未来继续保持并进一步加强"文化地产"的发展战略，增强区域辐射能力，增加优质项目储备。同时，以建设新型城镇化和服务老龄化人口为指引，积极探索新的产业发展方向，逐步实现文化、医疗、养老与地产的良好结合。

2013年下半年，凤凰股份将充分整合地方优势资源，以"文化地产、医疗养老"为核心，在国家新型城镇化建设中积极推进"凤凰文化养老家园"系列项目的建设，积极实现房地产开发的创新突破。（新华房产调查记者丁辉）

特色、生态环境极为优越、旅游资源极其罕见，拥有樟江国家重点风景名胜区和茂兰国家级自然保护区，享有“中国最美的地方”、“国际王牌旅游目的地”、“地球绿宝石”等诸多美誉。此外，据了解，中信产业基金业正在全国各地紧锣密鼓地进行合作。

## 二、养老服务业



目前，我国已经进入老龄化社会，老年人人尤其是城镇老年人有着较高的收入，其要求也会较高，更希望有较多的文化享受。此外，由于养老业既有一定的公共服务性质又需要有较高的文化含量，这对于传统媒体来说就是一个巨大的机会。

根据国家统计局的数字，2012年底，我国60周岁及以上人口19390万人，占总人口的14.3%。根据预测，我国老年人口规模2020年将达到2.55亿，2030年达到3.71亿，2040年达到4.37亿。因此，这将是一个巨大市场。

目前，全国范围内，约有20~30家比较大的开发商已经进入养老地产领域。例如，万科地产早在2010年就已经开始试水养老地产，并在房山窦店试点了养老地产项目“万科幸福汇”，采用租售并举的养老地产开发模式，为万科集团的养老地产开发铺路。

江苏凤凰传媒集团旗下的凤凰股份也已经进入养老产业，计划积极推进“凤凰文化养老家园”系列项目的建设，并与知名医疗保健机构开展紧密合作，为入住业主提供医疗、文化、娱乐等全方位的服务。

## 三、转型必须遵守市场规则

首先，在文化地产业方面，其本质是通过为当地打造文化地标、休闲购物中心或者文化产业生态系统来获取优惠的用地政策，一方面价格必须低于市场价格，另一方面必须配套一定的商业和住宅面积，其成功的关键是良好的规划和对当地的文化产业以及就业的带动作用。万达广场是其中的典范，通过把院线等文化元素、购物等休闲旅游因素和商业地产有效地结合起来，在全国多地为当地政府打造了一个又一个文化地标。2012年万达整合其旗下的文化资源，在北京成立了万达文化产业集团，注册资本为50亿元、总资产高达310亿元、占有全球近10%的电影院线市场份额。而反观当前很多传统媒体虽然也在积极进入文化地产业，但是效果相对较差：一方面是对文化地产的运作不熟悉、不了解，另一方面是对如何形成文化生态系统认识不清楚。

其次，在用人机制上。无论是文化地产业、文化金融业，还是互联网媒体业，基本上采取的是基于能力的、专业化的用人之道，而很多传统媒体在选择相关业务的负责人，一方面非专业化，另一方面把这些好位置安排给自己的小兄弟，导致新业务难以发展。

第三，在企业文化上。由于传统媒体企业多是国有企业，形成了“先有为再有位”的企业文化，这对于自己培养的人才固然有用，但是对于集团急需但又缺乏的高端人才的引进就不再有效，对于这些人才必须给予他们市场化的薪酬和职位。

第四，在激励约束机制上。新业务不仅需要给予股权、期权等长期激励，更需要给予年薪等短期激励，而这些在传统媒体内却难以做到，导致其难以形成有效的激励约束机制，不仅难以有效激励现有人才，更难以吸引到市场化人才。

第五，在市场机制上。无论是人才、激励约束，还是运作机制，都必须实现市场化，而传统媒体囿于各种原因，却难以实现市场化、专业化，导致其转型动作变形。

（作者系国家行政学院社会和文化教研部高级经济师，管理学博士。本文是作者主持的国家社科基金重点项目《新媒体环境下传统媒体的转型战略研究》的阶段性成果，项目批准号：13AXW006）

# 从身边的故事认识中国

□朱学东

朱学东



## 触摸活的中国

这两年,《中国周刊》封面报道为这本不合时宜名实不符的月刊杂志赢得了声誉。

经常有一些朋友问我:你们到底是如何来发现挖掘这些话题的?

不久前,在央视一套的一档节目的策划座谈会上,谈到寻找选题时,我以《中国周刊》为例,简单地讲述了我的看法。那就是从我们自身及社会关系的生活中,寻找切合当下中国特征的选题。

这才能接地气,也就接人气。

这是我个人思考选题的习惯,也是我在中国周刊推广的。

我给《中国周刊》提了一句口号,触摸活的中国。

活的中国从哪触摸?从路径依赖来说,从自己和身边的社会关系中去触摸,最为便捷,因为我们最了解。

从身边人的故事去认识和理解中国,虽然便捷,但会不会有偏差?或许也会有。

你在那里中国就在那里。这话诗意,但我们不能否认,每一个单个的人,无论是否你的熟人,都一定程度上代表着一个活生生的中国,至少也是这个中国的一个侧影,侧影也是中国的。

图片选自摄影师黄晓亮的《一个期待或者新的命运》系列

**卷首语**

- 免于恐惧的自由

**封面故事目录**

- 是警察，也是“钉子户”
- 货车司机的血光之灾
- 一个官员的隐忧
- 案件为何“变脸”
- 一次开诚布公的座谈会之后
- 心声
- 激情燃烧的不安岁月
- “火柴大王”，未掌握的命运
- 谁终结了麦卡锡
- 一个“大V”的心路



1936年，埃德加·斯诺花了5年时间编译的中国现代小说选《活的中国》在英国出版。斯诺在序言中说，这本小说集“第一次确认了‘普通人’的重要性”，通过这些中国现代小说描写的普通人的命运，这里，“犹如以巨眼俯瞰它的平原河流，峻岭幽谷，可以看到活的中国的心脏和头脑，偶尔甚至能够窥见它的灵魂”。

所以，只要我们用心，任何一个中国人身上，我们都可以发现活的中国的肉身和灵魂，无论他是高调的名流，还是沉默无声的普通人，他们都构成了中国的底色。

基于这样的认知，从身边熟悉的人中发现中国故事，也就成了选题来源的重要支撑。

## 选题的当下性和中国化

我们编辑部虽小，十来个人，性别年龄出身各异，受教育背景不同，成长的环境也不一样，每个人又多各有熟悉的亲朋好友同学，加起来已经算是一个不小的复杂的世界，能够提供不同的中国故事了。

但是，从身边熟人中发现中国故事，通常并不是直接来用，更多是作为一种策划线索和背景，引领我们切入更大范围更深层次的探讨和思考。

有了这样一些故事线索，通常我们会进行这样的讨论：这一类故事有没有当下性？是不是很中国？合不合适在《中国周刊》上发表？

如果熟人的故事具有当下性，而且很中国，那就是有代表性，不是孤证。那么，我们可能会要求记者随后去更广大的范围挖掘搜寻类似的真实发生过的故事，作为采访报道对象。

2011 年以来，《中国周刊》以社会性话题为封面的许多有名的报道线索，都来自于我们自身的生活和社会关系。



比如，《今天我们如何做父亲》，选题思路最初来自于我和我同事的孩子的故事，同事那小孩所在的学校，为庆祝中共建党 90 年，竟然要求三年级的学生写如何做一个合格共产党员的文章！加上我孩子讲述的一些学校里的故事，这些都让我产生了很深的思考，所以才有了这一期《今天我们如何做父亲》。

《他们为什么移民》和《奢侈病》，也都是来自我周围朋友的亲历和发现，然后我们以此为线索，去寻找具有代表性的故事和采访对象。

《少年为何留洋去》和《小升初畸变》，也都是在周围社会关系的反映之后，我们去思考，去探讨，才发现这些话题背后，有着令人心酸的很中国的故事。

这些话题做出来后，都非常有人气，这是因为选题很接地气，它们都是从我们熟悉的普通人的生活中来的，而这些故事，确实如斯诺所言，可以看到活的中国的心脏头脑，偶尔还可以窥见它的灵魂。

不惟如此，身边的故事，类似的故事，不是高高在上，没有宏大叙事，有接近性，有烟火气，有生活气，更容易与读者产生共鸣。

我在中国周刊内部选题会上，也一

再强调，我审选题稿子，首先是把自己当作一个普通读者，作为读者的我，我愿不愿意读这样的文章？我为什么会对这个选题感兴趣？它能不能让我一惊一紧一荡一暖一凉，亦即产生共鸣？然后再以总编辑的身份来考虑这个选题的当下性和中国化等。

所以，不必期待奇迹和独家，身边处处都有故事，看你留不留心。讲述好身边的中国故事，杂志一定能够给读者提供相对独特的阅读体验和价值。

（作者系中国周刊总编辑）

# 日本报纸的“零售价格维持制度”及其意义

□西茹

西茹

有新闻学研究者曾指出，在发达国家，1980年代的报业可称之为成熟的媒体，进入90年代，蜕变成衰落的媒体，而进入21世纪后，则几乎成为濒死的媒体啦。这种演变，在日本也不例外。近十年来，日本报业也危机四伏，不断有著作预言报纸行将寿终正寝。从2012年10月日本新闻协会发表的数据来看，报纸日发行总量为4778万份（早晚报均订阅的按1套计算，如果分别计算则为6065万份），成人人口千人普及率为478份。平均每户订报0.88份。10年前2002年的日发行总量为5320万份，普及率为559份，每户订报率为1.09份。从趋势上看确实有式微的迹象，但减幅并不像欧美国家那么剧烈。

近年来，全球的媒体环境都发生了巨大变化，但是，报纸依旧是日本国民获得信息的重要的渠道。而且，在整个社会系统中，报纸依旧被视为重要的存在，对社会舆论的形成仍然具有重大影响。据2013年8月7日朝日新闻报道，日本最大的经济团体日本经济团体联合会（简称“经团联”）经济公关中心所做的“有关信息源的意识和状态的调查”结果表明，回答报纸是可信赖的信息源的占57%，居首位，电视为23%，网络为13%。调查还表明人们对信息的获得，根据信息性质的不同，分别使用不同的渠道。有关“政治、社会”信息的收集，报纸和电视均为80%。而有关“兴趣爱好”范围的信息，则最多利用的是互联网，为75%。这与美国和中国有很大不同。

由此看来，日本报业虽非如日中天，但也远非行将就木。那么，为什么日本报业依旧能保持目前的状态？有人指出，尽管日本报业产业的维持有赖于多方面的因素，但是，非常重要的一点就是，日本报业的发达得益于它具有完善的送报上门制度，这种说法具有相当的道理。本篇文章将介绍支撑并维系日本报业发展的重要制度因素，即“零售价格维持制度”，日语为“**再販売価格維持契約制度**”，简称“**再販制度**”。在日本，生产商把产品售给销售商为第一次销售，销售商再卖给消费者为第二次销售。日语称为“**再販**”。这个制度对日本报业、乃至整个出版媒体的繁荣和发展起到了至关重要的作用。



## 何为“零售价格维持制度”？

在日本工作生活，如果《朝日新闻》早晚报成套订阅，一个月的费用是 3925 日元（相当于人民币 243 元）。如果订阅《读卖新闻》，或是区域型报纸，如《北海道新闻》等，也是这个定价（《每日新闻》本来也是这个价格，但最近下调了）。当然也有低于或高于此定价的报纸。比如，在日中关系上对华态度比较严厉的《产经新闻》定期订阅的月价格为 2950 日元。而 1893 年创刊的冲绳《琉球新报》，月定价则为 4910 日元。

《朝日新闻》早晚报成套订阅的费用 3925 日元中，含有 187 日元的消费税。再看一下零售价，朝日新闻早报一份是 150 日元，晚报是 50 日元。而笔者居住的札幌市地铁和公交车的最低起价是 200 日元。

在日本，出版报纸的报社对报纸贩卖店及其他零售点要求保持统一定

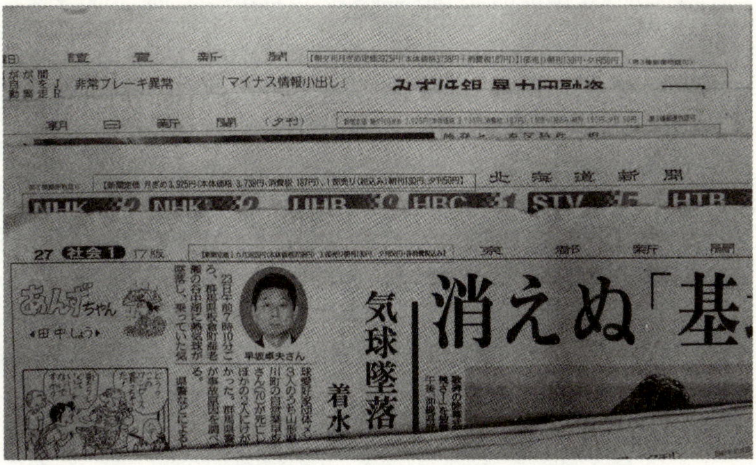

价，按定价零售，不准降价促销，即使是偏僻的岛屿或山区也不例外，这就是报纸的“零售价格维持制度”。适用于“零售价格维持制度”的文化产品不仅限于报纸，其它指定对象还有书籍、杂志和音乐唱片、磁带以及CD。这6种商品在具体制度的实施上彼此之间仍有差异，本文仅围绕报纸的“零售价格维持制度”做以介绍。

日本于1947年制定了反垄断法，之后经历了多次修订。1953年修改时明确认可包括报纸在内的创造性知识商品适用于“零售价格维持制度”（即不作为不公平竞争的禁止对象），此制度一直延续至今。过去，为了防止质量无太大差异的化妆品和香皂等家庭日用品发生过度的价格竞争，保证稳定供给，也曾使之适用于“零售价格维持制度”，后来随着经济的发展，日用品就不再适用零售价格统一的限定制度。



正是因为这个制度，才保证了日本报纸发行的价格均一。同一报纸在日本各地，无论是偏远的海岛或是偏僻的山村，乃至东京、大阪这种国际都市，都保持同一价格出售。甚至还有很多不同的报纸同价出售。显然，这个制度规避了报纸的价格战。

由于这个制度的制约，原则上报纸的生产者和发行公司既不能根据不同地区和对象做出不同定价，也不能打折出售；同时，另一种行为也是被禁止的，即报社向发行公司强行推销和发行公司大量积压报纸。换句话说，报社不能强行向报纸贩卖店推销超出订阅数量的报纸，而贩卖店也不能向报社索要超出订阅数量加上些许预备份额的报纸。

## 覆盖全国的发达而完善的发行网络

“零售价格维持制度”为日本国民提供了所有人都能机会均等地读到报纸的制度前提，也为报纸的发行体制走向成熟提供了制度保证。根据日本新闻协会统计，2012年日本全国报纸贩卖店共有18367家，贩卖店分专营一种报纸的专卖店和同时经营几种报纸的非专卖店两种类型。报纸发行业的从业人员为367809人。其中大约30万人为打工的学生和家庭主妇。这支庞大的队伍每天将报纸及时准确地投送到订户家里，维护着覆盖全国的报业流通系统的运营，可谓日本报纸经营的生命线。

日本报纸的94.94%（2012年）为送报上门，读者到车站或便利店买报的数量很小。送报上门制度已有100多年的历史，到现在逐渐形成了成熟而高效的送报系统。所谓高效，即指报社负责直接将报纸送到贩卖店，贩卖店的送报员负责在一定时间内将报纸送到个个订户家中。早报一般在

6点前就送到订户那里，如果6点半还没有报纸送到的话，投诉电话就会打到贩卖店。晚报则在下午3、4点钟送到家门。为保证这一高效的流通系统，报社必须在设定送报责任区域上下功夫，达到配置合理、高效，为用户提供高质量的服务。比如，顾客管理服务就是其中一个重要环节。如上所述，日本的报纸普及率之高近乎达到了家家户户订报，所以，家家户户都成了报纸贩卖店的顾客。换个角度说，就是贩卖店管理着各户读者。读者从签约开始到解约这一期限内，卖店负责收钱、送报。不仅如此，读者若搬迁或长期出门不在，贩卖店也要根据需要持续地提供各种服务。比如，帮助搬迁的读者联系新住址所在区域的贩卖店办签转手续，保证报纸立即送到新址。如果换订其他报纸、或解除契约等，贩卖店都会立即协助办理。出差的读者可联系贩卖店收好报纸，回来后一并送到。服务可谓极其细致周到。



日本报业的收入大部分来自于报纸发行。从日本新闻协会统计的数据来看，2012年93家报社的总收入为1.9154兆日元，报纸发行收入为1.1526兆日元，占60.2%，广告收入为4452亿日元，占23.2%，其它多种经营收入为3176亿日元，占16.6%。日本每一份报纸都略有盈余，所以，稳定的发行量和高质量的发行系统对报纸的稳定运营至关重要。可以说，达到6成的发行收入是决定日本报纸即便受到受经济不景气的影响也没出现美国式剧烈震荡的主要原因。

当然，从长远目光来看，这个巨大的覆盖日本角角落落的发行网或许成为日本报业转型的一个大难题。比如，报纸由纸媒转为数字化媒体后，这个庞大就业队伍的何去何从就需要报业认真考虑。不过，迄今为止这个网络作用还是巨大的，而且，直至纸媒消亡，报业还要靠这个网络予以支撑。

## “零售价格维持制度”废止论

1990年以后，日本公平交易委员会和政府行政改革委员会作出了一系列废止“特殊规制”和放宽限制的措施，随即由委员会专项讨论“零售价格维持制度”的废存问题，并提出废止意见。由此引发了围绕“零售价格维持制度”废存问题的争论。

比如，1991年由社会有识之士组成的研究会便明确提出废止音乐唱片磁带CD的“特殊规制”，并提议报纸等也该成为今后密切关注的对象。1994年，政府内阁会议在所做的有关“今后放宽限制”的决定中，提出到1998年末为止，应该认可哪些商品为“零售价格维持制度”的对象。

政府行政改革委员会放宽限制小委员会于1995、1996年均提出了有关"零售价格维持制度"的报告，由于反对意见强烈而未能做出明确结论。但是，行政改革委员会给出的期限是1997年12月中旬必须拿出结论，于是，1997年11月，小委员会在报业坚持保留而消费者团体希望废止这两种意见对峙的情况下，发表了题为《关于著作物零售价格维持制度的再认识》的最终报告案。

其实在小委员会拿出这个报告之前，保留论派和废止论派就曾展开过公开讨论。根据1997年10月24日的朝日新闻的报道，可以归纳出以下几点：



一、随着信息化的发展，电视等大众媒体空前繁荣，媒体竞争日益激烈，在这种形势下，没有充分的理由视报纸为神圣之地，将其作为不可或缺的信息载体并用"零售价格维持制度"予以保护。

二、全国发行的报纸的价格虽然在名义上是全国统一，但是，实际上不同地域发行的报纸页数不同，实质上价格是有差别的。没有必要搞统一价格。即使存在着覆盖全国且准确无误的报纸发行流通系统，在逻辑上也无法得出"零售价格维持制度"是必须的这一结论。民主主义的根本是选择的自由和自我责任，零售店不能自由规定价格的制度才是非民主的。

三、并非所有的国民都支持现行的按月订报、送报上门制度，对报社和贩卖店而言，为了增加广告收入而扩大发行量的动机强烈，所以，即使没有"零售价格维持制度"，送报上门制度也不会消失。

四、竞争并不能立即导致垄断，贩卖店的降价竞争也不会直接造成报社的经营恶化。报社通过竞争而优胜劣汰如何会违反读者的利益，"零售价格维持制度"与报纸的质量没有直接关系。

五、世界其他国家并未因没有几大全国大报共存或没有送报上门制度而陷入民主主义的困境。

六、报界可以步调一致地轻易提价正是因为有"零售价格维持制度"。另外，长期订阅的读者也无法获得打折的优惠。

社会上也的确有种种批评意见，如为扩大发行赠送过大金额的礼品、强行推销引发的与消费者的矛盾、报纸缺乏多样性等等。尽管废止论呼声强烈，但是报业不甘示弱，坚决抵抗。小委员会虽然认为"零售价格维持制度"的保留缺乏必然而合理的理由，但并没有作出废止的决定。最终，公平竞争委员会表示，有关著作商品的"零售价格维持制度"是否废存3年后再做决定。

## 报业的主张和民意的表达

2000 年 10 月 12 日，“新闻协会再贩对策特别委员会”将新闻界坚持报纸零售价格维持制度的理由进行总结，以《报纸的作用与“再贩”的意义——报纸再贩制度为何必要》为题进行了公开发表。其目的是不仅向业界内、也向整个社会表明报业的观点。

新闻协会发布的主张包括三大项内容：一是报纸零售价格维持制度是送报上门制度的基本保证。它可以保证读者公平而且廉价地获得信息，维持言论的多样性，具有不可估量的意义和作用。二是现行的以送报上门制度为基础的报纸发行、流通系统已发展成完善而高效的系统，不仅能够满足读者的需求以及宪法的要求，而且也具备经济合理性。并且，其自身仍在继续改进和提高。三是报纸为读者提供其生活不可缺少的政治、经济和社会等方方面面的信息，作为公共的、文化的商品既不同于普通消费品，也非普通消费品可以取而代之，特别是送报上门的流通手段，一旦废弃，恐难以重建。意见书还对公平交易委员会指出的零售价格维持制度的弊端给予反驳，并具体指出了公平交易委员会对事实认识上的错误，以及由于对报纸的公共作用认识的不足而产生的误解。

有关报纸对废止“零售价格维持制度”可能带来的弊害，新闻协会的对策特别委员会利用图式（见下图）进行了一目了然的解释。

报业明确强调，废止“零售价格维持制度”必然造成人口密集和人口稀疏区域之间的巨大差距。送报条件欠佳的偏远区域可能无法再送报上门，补偿的方法可能是提高订报价格，其结果将会出现流通垄断，继而影响读者订阅数量。报业经营压力的增大，可能会导致报纸种类的减少，进而导致言论多样性丧失的危机。

本来，将书籍、杂志、报纸和音乐磁带 CD 作为反垄断法的特殊规定处理对象的理由就是为了承担对广大国民普及文化和教养、向民众平等、公平地提供信息的作用，小委员会的报告传达出浓厚的商业竞争至上的思考方式。因此，该报告被批评过于偏向从市场经济或经济法的角度来考虑“零售价格维持制度”的修正问题。日本报业还认为，虽然政府的放宽限制政策促进了日本经济高成本体质的改善以及调动了来自国外的市场参与的积极性，但这些与报纸的“零售价格维持制度”关系不大。总之，主张针对对“零售价格维持制度”弊端的指责给予了正面反驳，并强调“零售价格维持制度”获得了大多数国民的支持。

在经过耗时一年与报业、出版界及唱片制作业等各界的激烈讨论但仍

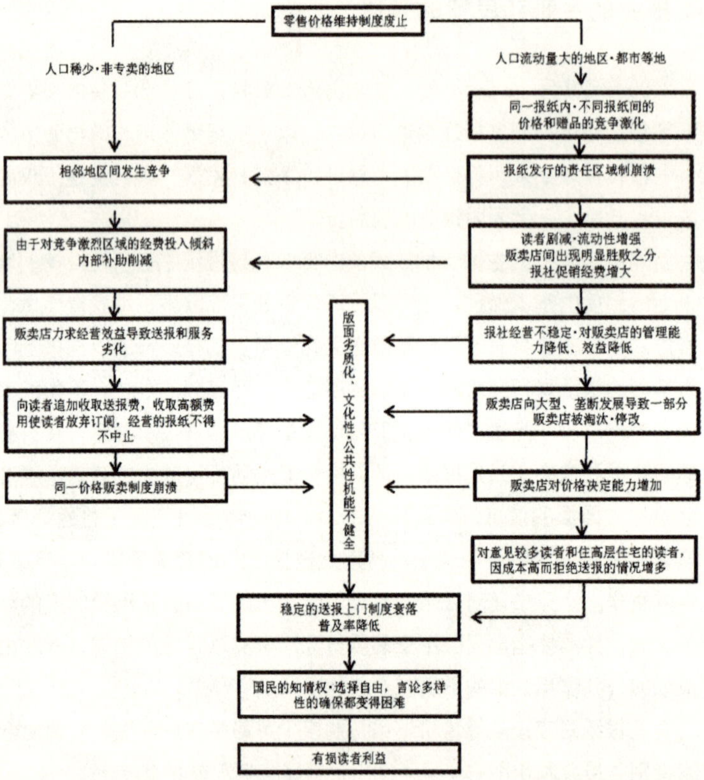


图片来源：《针对“零售价格维持制度”废止的影响报业的主张》，日本《新聞経営》2000年第4期，共第153期）。

然无法与之达成一致后，公平交易委员会便开始着手对舆论号脉。该委员会于2000年12月至2001年1月25日，对国民的意见进行了广泛调查。在28048件回信中，98.8%主张坚持“零售价格维持制度”，主张废止的仅有1.2%，338件。其中对不同出版物的“零售价格维持制度”的意见，主张坚持报纸零售价格维持制度的有99.5%，反对者为0.5%。此外，政界的努力也不可忽视。由参众两院108名议员组成超党派的“铅字文化议员恳谈会”，召开紧急会议呼吁保持出版物的“零售价格维持制度”。

于是，在反对废止意见的呼声十分强烈的情况下，2001年3月，公平交易委员会作出一个暂时性结论，即“目前保留现有制度”，并表示，作为公平交易委员会，“应推进放宽限制的改革，顺应公平而自由竞争的时代要求，从竞争政策的观点出发废止出版物零售价格维持制度”。公平交易委员会还在反复对相关业界进行调查，召开会议，而且不断以修改为名，提出废止议题。

综上，可以说，迄今为止日本报业的发展与繁荣，很大程度上得益于制度的建设。但是这种偏向于报纸的优惠制度并非一劳永逸。事实上，报纸在满足读者和消费者的要求方面仍有很多需要完善的地方。“零售价格维持制度”废止意见、以及由此展开的讨论，对报业来说也是一次再好不过的自我再认识的机会，可以重新思考报纸在社会生活中存在的意义。原朝日新闻记者、现任京都女子大学教授的柴山哲也不无严厉地指出：“因其公益性特征而成为法律保护对象的报纸，反过来也可能损害公益性”。对“零售价格维持制度”的保留持支持态度的专修大学教授山田健太也指出，如果认可“包括零售价格维持制度在内的流通发行系统作为‘民主主义的必要条件’，那么，报业应付的社会责任和义务也就不言自明。有关这一点，无论是否有来自业外的批评和建议，报业有必要为纠正自身的问题做出具体的努力，有必要认识到自身至今安于法律保护政策，却对尽其社会责任努力不足的问题。换句话说，报业没有充分认识到自己已习惯了被保护，并与社会的普遍认识脱节的现实”。

一言以蔽之，如果报纸在其特权上仍高枕无忧，那么市民收回该特权的日子也就迫在眉睫了。

（作者系日本北海道大学传媒研究院副教授）



## 参考文献：

1. 山田健太：《言论の自由　拡大するメディアと縮むジャーナリズム》，ミネルヴァ書房 2012 年。

2. 伊従寛：《米国の再販原則合法化とその影響——新聞再販制とのかかわりを含めて》，《新聞研究》2008(4)。

3. 柴山哲也：《日本型メディア・システムの崩坏》，柏書房 2006 年。

4. 日本新闻协会：《新聞の果たす役割と再販の意义——新聞再販がなぜ必要なのか——》，《新聞経営》2000(4)(通号 153)。

# 岷漳地震报道：一个怪异的传播冷循环

□张由琼

张由琼



距甘肃岷县漳县地震已经过去两个多月时间，选择在此时才写下这篇文章，是想让自己三思而后下笔。

7 月 22 日 7 点 45 分，在甘肃省定西市岷县与漳县交界处发生 6.6 级地震。这是今年继“4·20”芦山大地震之后，中国发生的又一次重大地质灾难。但在媒体关注度和社会救援力度上，两者却有着天渊之别。

巧合的是，在地震发生当天上午，社交工具微信也“瘫痪”了，于是在另外一样重要社交工具微博上，大量的各地用户反映微信发生全面故障，“吐槽”微信的微博数量呈现刷屏状态，关于甘肃地震的消息却鲜为人关注。那一刻，人们着急得像热锅上的蚂蚁，只是因为缺少一样习惯了的虚拟社交工具。

震后第二天中午，我赶到了定西市岷县梅川镇。参照数月前芦山大地震的采访经验，在赶路的过程，不断地在微博上搜索地震的消息，但得到的消息寥寥无几。近两个小时后，我们终于抵达了受灾严重、死亡 25 人的永星村，听闻过甘肃定西的贫困，但还是无法想象这里的人们大都还是居住在土坯房里，震后全部倒塌，夷为平地。同时也解开了我一路上的疑问“为什么灾区人民不发微博微信求救”。这里的人们绝大多数都还在使用着最原始最老式的手机，即便是这样，年纪长的人甚至还用手帕裹着，生怕损坏，所以更别期望他们会知晓微博微信。

重点 A03

6.6级！定西地震撼动大西北

村子里到处是废墟

此次地震是汶川、芦山地震的"余震"吗?

中国南车85台电力机车待命支援灾区

物品缺

余震多

影响大

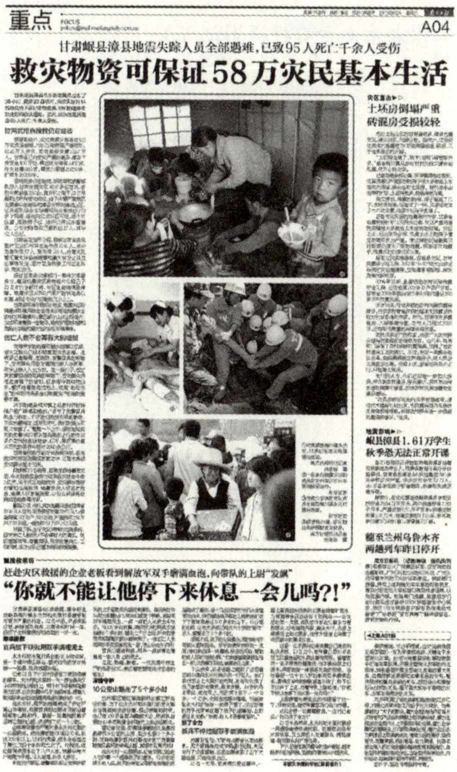
重点 A04

甘肃岷县漳县地震失踪人员全部遇难，已致95人死亡千余人受伤

救灾物资可保证58万灾民基本生活

土坯房倒塌严重 砖混房受损较轻

岷县漳县1.61万学生秋季恐无法正常开课

赶赴灾区救援的企业老板看到解放军双手磨满血泡，向带队的上尉"发飙"

"你就不能让他停下来休息一会儿吗?!"

由于地震灾区的消息滞后，加上受灾地理位置偏远、人口稀少，许多媒体都选择了观望，最后放弃了派遣记者前往。而不久前的芦山大地震，从中央到各省市，所有媒体都派出了多批记者到震区一线，芦山县城甚至出现媒体拥堵的状况。而此次甘肃地震与以往地震灾难也有很大不同，不存在黄金 72 小时的救援概念，倒塌都是土坯房或是因山体滑坡被掩埋，救援难度小，加上贫困偏远几乎没有外来人口，清点伤亡人数寻找失踪者都能在短时间内完成，灾情在还没来得及升温的时候就已经开始降温。

7 月 24 日，地震后第 3 天，包括新浪、网易等各大门户网站首页就几乎见不到甘肃岷县漳县地震的新闻，专题内容也不再更新。新浪微博的 24 小时热门话题排行榜上，"甘肃定西地震"这一话题已经滑落到第 18 位。媒体和公众似乎更加关注的是，万里之外凯特王妃为英国王室诞下男婴叫什么名字？王林大师和哪些名人明星合过影……

2008 年汶川大地震伤痛犹存，当芦山地震刚发生，还无法判断灾情大小时，众多媒体已在第一时间派遣精兵强将赶赴灾区，随后当灾情渐渐明朗，大家才恍然明白，有些反应过度，大量记者进入灾区"挤占"道路空间等稀缺的救灾条件。微博微信等虚拟社交工具的日益勃兴，使得自媒体平台成了救灾的重要信息源，当地民众第一时间发布震后图片和消息，列出最重灾区以及紧缺物资清单等，这些信息的有效扩展，吸引了大批社会力量参与到救灾和重建工作中。此次甘肃岷县漳县地震本该汇集国人目光、媒体聚焦镜头，却因缺乏了一切能吸引关注的途径，无人问津，瞬间被淡忘。由此形成了一个怪异的传播冷循环：新兴媒体无法从传统媒体那获得更多新闻内容，于是没法更新资讯，而传统媒体看到新兴媒体上没有太大关注和轰动，于是放弃了派记者前往和缩减版面。最近的潮汕和余姚水灾倒是与此仿佛。

灾难面前，媒体资源的合理分配尤为关键，它将引导救灾资源的合理分配，出现“反应过度”或是“无人问津”都实在不应该。

岷漳震后第 4 天，在志愿者的帮助下，永星村帐篷学校成立，一名可爱的小女孩上台为同学们唱歌，但她站起来却很难迈出脚步，原来一双小脚穿在大人的鞋子里，一旁的妹妹鞋子虽然合适，却是两只不同颜色破损严重的鞋子，仔细再看看其它孩子，很多都没有合适鞋子穿，这是几天采访最难受的一刻。离开灾区之前，我和南都摄影记者张志韬带着两书包的童鞋以及同事马金瑜的个人捐款，徒步最后一次上了重灾区，以一个普通人的身份，为的是自己的心安。

（作者系南方日报摄影记者）

传媒茶座

# 传媒茶座

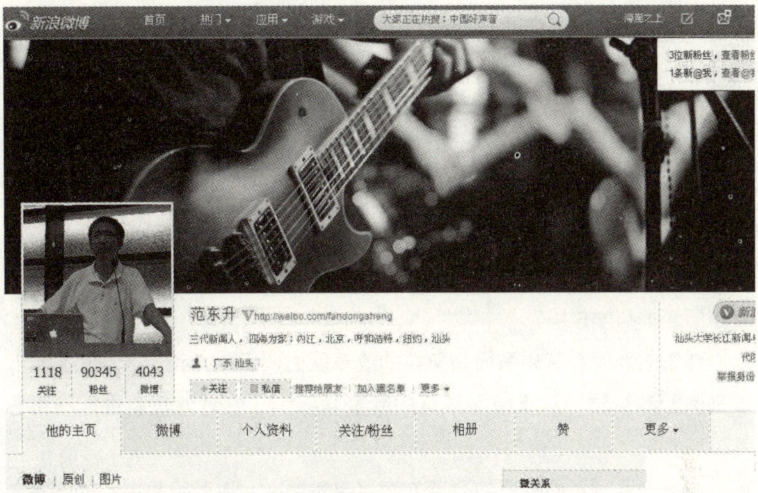




# 新闻教育改革的呼唤

□范东升

范东升

在大洋彼岸，一场关于新闻教育改革的争论正在火热进行。笔者在暑期参加了在华盛顿举行的美国新闻与大众传播教育协会年会，亲身感受到一种普遍的危机感和在迷茫中探索的氛围。

会上波因特新闻研究所发布了一份《2013 新闻教育状况报告》，这份引人注目的报告用十分尖锐的语调呼吁新闻教育的改革。该研究所培训合作部主任 H.Finberg 指出，时间正在耗尽，经济与技术给大学体制所带来的破裂性冲击，比大多数管理者所知晓的来得更快。直到 10 年之前人们还不知道 Facebook 和 Twitter，最可怕之处在于这种变化的方向是难以预见的。他认为新闻教育方方面面将发生根本的改变，而无力创新者必将落伍。奈特基金会主席顾问 Eric Newton 毫不客气地批评许多新闻院系面对传媒技术变革反应太过迟缓，主张必须对新闻教育课程体系进行激进的改革。

美国新闻教育界急迫地呼吁改革，原因是显而易见的：数字化时代骤然降临，变化异常迅速，传统的新闻教育体系和教学方法已经陈旧过时，无法应对新闻界不断发生的急剧变化，不能满足培养未来新闻人才的需要。虽然各新闻学院仍在大量招生，但新闻学位的价值在美国已受到质疑：新闻界就业岗位不断减少的情况下，学生们值得花费6位数美元的学费来获取新闻学本科学位吗?

传统的新闻教育体系面临急切的改革压力，因此，教什么?怎么教?谁来教?教给谁?从事新闻教育的专家学者们正在对此重新进行一番思考。



由此一系列新闻教育的改革方案浮出水面：从以教师为中心的方式向以学生/用户为中心的方式转变；建设专业与学术平衡的师资团队；探索教学与社区服务相结合的“医学院模式”(teaching hospital model)、“电子化学习(E-Learning)”，“大众化网上公开课程(Massive Open Online Courses，简称Mooc)”；融合媒体教学体系；新媒体研发与创业；建立新闻教育学位新系列，等等。

反观中国与美国，新闻教育体系与新闻事业体制之间的差别几乎同样的大。但中国新闻教育与西方同行一样，也存在与业界实际相脱离、课程内容空洞老旧、官僚行政化管理等弊端。

尤其是在师资队伍建设方面，各高校普遍忽视新闻学科实践性强的特点，重学历而轻业绩，重学术而轻专业，片面追求博士比例，而拒传媒界各类优秀人才于校门之外。其后果就是许多新闻学院严重缺乏这两类需求最大的老师：讲授新闻实务等核心课程以及数字新媒体课程方面的师资。在这种情况下，改革课程体系和教学内容以应对传媒变革的挑战，难免将成为一句空话。今年3月美国哥伦比亚大学聘任Steve Coll为这家顶级新闻学院的院长，而这位新任院长只有非名校的本科学历，但在业界却声名卓著，著作等身。此案即为“专业与学术平衡”之特例，且立此存照。

世界传媒变革大势所趋，中国新闻教育改革亦势在必行。笔者认为，在走向成功之前，关键是鼓励和支持创新。正如美国网络大学Udacity的CEO Sebastian Thrum所述之“创新者精神”—— 启动，失败/学习，再尝试和再启动，然后再一切从头来过。

(作者系汕头大学长江新闻与传播学院教授、代院长)

# 不要成为我们反对的那种人

□刘万永

刘万永

9月26日，我的手机上收到了腾讯新闻推送了一条新闻，题目是：李天一因强奸罪一审被判10年。

唉！我叹了口气：新一轮违法又开始了。

果然，9月27日，在报道李某某等强奸案一审宣判消息时，新浪隐去了李某某的真实名字，却使用了李某某的照片。

搜狐首页的新闻标题则直接点出了名字：《李天一或在少管所服刑》。搜狐使用的是新京报的稿子，但原稿中并没有出现李的名字。

网易的报道规范很多，既没使用实名，也没刊发李某某的照片。

李某某案宣判当天，我发了一条微博：李某某案，某些律师表现真的很差，甚至可以说缺乏职业道德。同样，总体来说，媒体的表现也在及格线下，脑子中有《未成年人保护法》这根弦儿的，一只手都能数得过来。

《未成年人保护法》第五十八条规定:“对未成年人犯罪案件，新闻报道、影视节目、公开出版物、网络等不得披露该未成年人的姓名、住所、照片、图像以及可能推断出该未成年人的资料。”

可媒体的表现如何呢?

今年2月22日，李某某因涉嫌强奸被刑事拘留。稍后，有媒体人在微博上爆料，虽未直接点名，但使用的文字和配发的照片能让受众轻易推断出当事人的名字。



此后，这一刑事案件事件迅速占据了娱乐新闻的头条。媒体的报道几乎无一例外的披露了李某某的真实姓名。

的确，案发之初，媒体对李某某是否未成年有所质疑，有的还列出了若干“证据”。在这种情况下，就可以出现李某某的名字吗?

在我看来，质疑不能成为借口。如果有疑问，媒体首先要做的是去核实，有了准确结果之后再决定怎么报道。这种情况下，不能用“谣言倒逼真相”的说辞推卸责任。

回顾李某某案报道，在李某某案进入法院审理的初期，曾有一段时间，媒体的报道对其名字有意识地予以回避，但不久再次大量出现直接点名式的报道。

这种现象很难用忽视、疏忽来解释。

也许有人会说，就算我不说，可全世界的人都知道李某某是谁，匿名有意义吗?

别人都知道、别人都这么做，不等于我们自己可以违法。媒体要做的，不仅仅是向公众普法，更要带头守法。

美国媒体对“中央公园慢跑者”案的做法值得借鉴。

1989年4月19日晚上，华尔街某投资银行职员蒂莎·梅里，在去纽约中央公园慢跑锻炼时被人强奸并殴打。在医院昏迷了12天后，梅里才恢复了意识。

媒体对案件进行了报道。为了保护梅里的隐私，媒体将这起特大强奸案的受害者称为“中央公园慢跑者”，始终没有披露受害者的姓名、职业等信息。

直到2003年，梅里向媒体确认了她的身份，并出版了一本名为《我就是中央公园慢跑者》的书，梅里的个人信息才得以披露。

也许有人会说，受害人嘛，媒体当然应该保护其个人隐私，富二代、官二代、本身就有劣迹，还是犯罪分子，不保护他的隐私也不会有什么不良后果。

问题不是这么理解的。未成年人犯罪，不得披露其姓名、住所、照片、图像以及可能推断出该未成年人的资料，这条规定没有设置前提条件，既保护普通的未成年人，也保护有钱有权家庭的未成年人。

敬畏法律，应该成为一种习惯，应该内化到每一个记者的思维方式中。可惜的是，这条路还很长。

我曾就一篇报道中的问题批评我的一位好朋友。他采访了 2012 年 3 月哈尔滨医科大学附属第一医院发生的一起血案：28 岁的实习医生王浩被刺死，另有三名医务人员受重伤。凶手李梦南，案发时 17 岁。报道中，他写出了李梦南的出生日期，也点出了李梦南的名字。

我的朋友是一位资深法治记者。

我在电话中对他提出批评。他抱歉说："写稿时真没注意到。后来觉得大家都写了真名实姓，写化名也没意义了……"

我说，我们不能知法犯法。

李某某案的媒体表现值得总结和反思。作为媒体人，我们反对法官曲解法律，反对警察选择性执法，我们也应时时反省自己，检视我的报道是否符合我们倡导的价值观：尊重法律、人人平等；我们也应清醒地意识到，有些事情虽小，小到没人注意到，但应引起媒体人的警觉。

不要让自己成为我们反对的那种人，这在任何时候都很重要。

（作者系中国青年报特别报道部副主任）

# 优雅地转型，还是难看地死去

□王天定

王天定

前天，一位媒体的朋友从一家很知名的都市类媒体辞职了。

我知道，他这些年专注地做记者，有空也是读闲书，他没有多少积蓄，目前也没找好下家。

但他走得这么毅然决然，了解他的朋友也不感到意外。

几个月前，曾收到过他的邮件，他说，这家服务了10多年的报社眼下变得让他感到陌生。报社说要在当下报业衰退的大气候下实现经营业绩逆势飞扬，于是，创收成了报社的核心，每个部门都有指标要完成，每一次采访都把拉广告作为主要目标，采访新闻反而变得可有可无，因为要配合广告写在报纸上的稿子，根本不需要多少采访。报纸的版面，也变得越来越让他难堪，头版上是报社卖珠宝的广告，第三版，第四版上，是“本报记者”的报道，说抢购现场如何火爆，供不应求。最苦了文化新闻部的兄弟姐妹，以前那么风花雪月的小资们。天天放下身段，一场一场组织演出，然后卖票。版面上所谓的文化新闻，都是门票的推销广告而已。

其实，这些招数，他一点不陌生，名校新闻专业毕业的他，最早在一家省级党报工作，这一切他都经历过，企业包车，请他们一个部门十多人带着家眷免费旅游，然后，他们在版面上不到1000字的报道就能让企业觉得物有所值。采访一个企业，稍加暗示，就可要到一个整版广告，然后可以从报社领到可观的回扣。他的这份工作，清闲而自在，当时人人羡慕，但他后来毅然跳槽到一家新办的都市报，成天忙得脚不点地。有一次，他认真地说，他没想到，这家都市报里，采编与经营之间，真有高压线存在，采访拿了红包，真要被开除的，记者拉了广告，不但不受奖励，反而可能要砸饭碗的。

他说，他第一次看到，学校里教科书中讲的，在这里居然可以当真。这一点，让他高兴。

那是那家都市类报纸的初创期，也是黄金期，他觉得自己的收入伴随着理想起飞，世上还有比这更让人满意的事情吗？报社老总宣称要奠定百年基业，他充满了神往，觉得自己找到了可以做一辈子的地方。

但是，网络时代到来，一切都在改变，前些年，新媒体的冲击还像讲“狼来了”的故事，但是，2013年的春天，却是传统媒体的冬天，受众的接受习惯改变了，越来越多的人习惯于通过移动终端获取信息，媒体消费，并不完全是一种理性选择的结果，很多人喜欢阅读，喜欢报纸杂志，但是，媒介消费时间是一个零和博弈，微博、微信为代表的新媒体，对使用者具有极大粘着性，人们在社交媒体上使用的时间越多，使用传统媒体的时间无形中就会减少，传统媒体挣钱越来越难，传统媒体挽歌似乎已经在天边奏响。

转型，无疑是当下传统媒体无法回避的选择，传统媒体必须要通过理念、机制及技术的创新，适应变化了的传播环境。这个过程肯定充满了艰辛和挑战，而且没有成熟的模式可寻，未来充满了不确定性，但是，这是不是意味着我们在惶恐和焦虑中就可以任意放弃对原有价值和坚守？

编采与经营的界线，被称为是保护新闻专业水准的防火墙，对这一原则的坚持，正是从上个世纪80年代末、90年代初一批媒体得以兴起的重要缘由。一批富有新闻理想的媒体人也因此在种种风险和压力中仍选择留守媒体行业，为媒体行业近20年的持续成长提供了可能。每一个媒体都必须思考的一个问题是，难道非要放弃当年媒体得以兴盛的根本才能让我们度过眼下的危机吗？

媒体行业存在的合法基础是为社会提供真实准确的信息，这是媒体对社会公众郑重的承诺。转型的根本也就是以新的方式继续赢得受众。转型的方式可以千姿百态，但转型过程不容回避的伦理问题却是：这种模糊编采与经营的界线，版面上貌似新闻实为广告的做法，是不是对受众的欺诈？一个传播行为能否经得起伦理的追问，关键看这一行为能否经得起可公开性的检验，当我们把编采与经营不再区隔的事实坦率地讲给受众，受众还会不会一如既往地支持我们？



我特别注意到，今年 8 月初，在亚马逊总裁杰夫·贝索斯以 2 亿的价格买下百年老店《华盛顿邮报》之后，作为新主人，尽管是互联网时代的骄子，但杰夫·贝索斯还不是莽夫，他知道这其中的利害。在他致《华盛顿邮报》员工的备忘录中，郑重承诺自己不参与日常管理事务："《华盛顿邮报》的价值不需要变化。报纸依然要为读者，而不是所有者的私人利益负责。"

转型注定是痛苦的，坚守新闻的核心价值，转型未必一定成功，但这个过程就是一种美丽和优雅；主动抛弃核心价值，那不是转型，而是找死，而且会死得很难看。

（作者系西安外国语大学新闻与传播学院教授）

# 记者应存敬畏之心

□齐树华

齐树华

有人说过，当记者做新闻时间越久，胆子越小，信哉斯言。我觉得，这话里所说的胆小，应该是敬畏、谨慎的意思。新华社前社长郭超人曾说过："记者笔下有财产万千，记者笔下有毁誉忠奸，记者笔下有是非曲直，记者笔下有人命关天。"这"四有"既反映记者工作的重要，也反映记者肩头的责任，要履行好这份责任，就要力求做到对新闻心存敬畏，对事实心存敬畏，对文字心存敬畏。

对新闻存敬畏之心。当记者做新闻要严守新闻职业道德，按新闻规律办事，按新闻价值的标准判断、采写、编辑新闻。任何一个新闻事件都具有其个性化的宣传价值、新闻价值、社会价值，采编人员要善于透过事件表面去发现、发掘、提炼最有价值的新闻内核。很多时候，新闻事件的这些价值并不是显性的，需要采编人员细心地发现，准确地判断，深入地开掘。具体到一篇稿件的新闻价值，往往对应着受众的某种需求，可以刺激读者的阅读兴趣，一般来说，有用的才是有价值的，当然这种“有用”体现在新闻报道中，更多的是属于精神层面的，比如激励、启示、警示、慰藉等等。

对新闻的敬畏是对新闻本质的敬畏，一桩事件能否成为新闻事件，有没有新闻价值，新闻价值有多大，不是按照我们自己的认知和情感来确定，而是新闻事件本身所固有的、蕴含的。敬畏新闻要做到绝不编造新闻，绝不道听途说、人云亦云。在处理新闻时，不按个人的想法和好恶给事件赋予价值，而是通过对事件的梳理、分析、比照，把事件最有价值的部分发现、提炼并展现出来。



对事实存敬畏之心。无论在任何情况下，都必须坚持真实、准确、全面地报道新闻，永远尊重事实，永远依赖事实。敬畏事实就要做到，所报道的新闻事实必须是真实的，必须是现实中所发生的，其中人物、地点、时间、行为等客观要素必须是具体的，可以看得见，摸得到，找得着，经得起查询、求证。

敬畏事实要做到，任何时候都不合理想像，不主观猜测，哪怕这种想像有着百分之百的合理性。要坚决摒弃观点先行，一事当前先确定一个观点，然后根据观点的需要找事实，找不到事实就编事实，找的这些事实又往往是没有时间，没有地点，没有具体的人物，没有具体的对话，新闻要素不全，这样的事实缺乏说服力，这样的新闻严格地说不能称之为新闻。

敬畏事实就要养成扎实的采访作风，力避粗枝大叶，浅尝辄止，必须对所有采访到的事实进行甄别和求证。记者应该有质疑精神，对所有的新闻事实都要进行核实、核实、再核实，绝不把模棱两可的、似是而非的、把握不准的事实写进新闻里。永远要记住：概念不是新闻事实。

对文字存敬畏之心。新闻写作要遵循行文规范，遵守语法规则，追求准确表达。敬畏文字不只是不写错别字，把字写正确只是写作的最低标准，好的新闻首先是文字要准确，其次是文字要简洁，然后才是注重文采，如果用词不准确，越是华丽对新闻伤害越大。新闻除了准确、简洁、富有文采外，还要特别注意不说空话、套话、虚话，不说正确的废话，慎用顶级形容词，避免前后行文矛盾，避免常识性的文字差错。可以说，我们今天强调敬畏文字，是对历史负责，是对我们的后人负责。

（作者系西安晚报总编辑助理）

# 稿酬标准，这个可以没有？

## 缘起

9月23日，“财经网”新浪微博的一条消息“国家版权局拟调整文字作品报酬标准 千字最低100元”，引起了不少网友的评论。该“意见稿”规定，原创作品每千字100－500元。报刊刊载作品，未与著作权人约定付酬标准的，应按每千字不低于150元的标准支付报酬。报刊刊载作品只适用一次性付酬方式。版税率方面，原创作品为5%－15%，演绎作品为3%－10%。

## 众议

**@清流志：**好吧！按照这个标准，李白创作一首“杨花落尽子规啼，闻道龙标过五溪。我寄愁心与明月，随君直到夜郎西”的七绝，最多只能获得14元稿酬，真的是惊天地泣鬼神啊！

**@惊蛰18：**一个不尊重文人的国度，经济不可能发达，连二流都赶不上。

**@ 财经论道：**弹性太大，即使按此标准下限，也没什么大的改观。

**@ 张志铭的微博：**版权局有权力、有必要管这档子事吗，为什么不随行就市呢，想不太清楚！

**@ 李斓呼吁虐童罪入刑：**版税应设立严格的监督、公开化程序，否则出版的垄断，尤其无名小作者的版税很难核实再版与否，这也就意味着根本拿不到再版版税，更无从谈什么提高报酬标准了，现在爬格子的无名作家，有几个能靠写作养活自己家人？出版垄断使中国出不了真正的好作者，学英语涉足国外出版社是国内可怜小作家的唯一出路。



**@ 凝霜的紫葡萄：**有写作才能的赶紧开始写作吧，也是一个挣钱的行业。

**@ 冯老师 0412：**建议提高稿费税收起征点，起码应该达到 1500，才开始征税。一本书有时是一年甚至是几年十几年的劳动成果，若分配在每个月，稿酬可能连基本工资的水平都达不到，却要从 800 元起征税，实在是国家创意产业的拦路虎。

**@ 小寒酱 or 冰：**这个有可能执行并监控吗？难度大吧。

**@ 在下秦林：**稿酬多少已经不重要，重要的是稿税的起征点什么时候调整。

**@ 纪念萧红：**没多大作用吧，弹性太大，即使按此标准下限，也没什么大的改观。学术类作品甚至要作者自掏腰包。

**@ 冯老师 0412：**对稿费税收的起征点，从几十年前就是 800 元，当时的月人平均工资只有 100 元左右，也就是说达到人均工资半年的收入才开始征税。如今人均工资已经提高了二三十倍，达到两三千元了，起征点依然是 800 元，不但看不出任何鼓励原创，尊重知识产权的意思，且已经连一般的劳动报酬都不如了。

**@ 布剪刀石头布：**尊重劳动成果，维护文字工作者的合法权益。

**@ 罗胖胖 -：**这里面的版税规定完全是多余的，市场已经这样执行多年。这方面的核心问题是要马上废除稿费 800 元就征税的荒唐规定。

**@ 秋后枫叶：**这是让版面费涨价的趋势呀，羊毛出在羊身上，等着吧。

**@ 晴光晴光：**稿费高低有市场说话，需要规定一个上限么？关键的是个税起征点太低，毫不考虑码字的劳动强度和耗时。

**@ mor 阿姨年老色衰：**翻译也能给底限标准吗？现在日翻的市价还不到这价格的 1/3。有人管吗？能千字一百我们梦里都要笑醒了。

**@ CarolChenyujie：**就算确定调整，翻译稿费每千字最低 80 最高

300，和现况相比，不过五十步笑百步。

**@吾宁爱与憎001**：版税、印数稿酬、一次性付酬，接近三种模式了。看来官方高手也不多啊。

**@闽教孙汉生**：必然出现两个新情况：一、公版书将更多，出版社更加谨慎出版原创，新出道作者的书更难以出版，除非他自愿放弃稿费；二、图书定价必然提高，因为出版社要持续生存。

**@人事劳动争议网**：这对我们这些，有时写写稿，写写书的工作者，是一种利好！！

**@小扣柴扉的春天**：何不直接废除稿费管制，让市场来决定文字的价格？写得好的字字千金我也认了，写得不好的垃圾也每千字百元？要这样，以后转发微博，140个字也得收个10元？

**@廣策居士**：大爱啊，最近准备写自己的回忆录。

**@蓬莱山人wgx**：铺陈敷衍党、假大空废帮有福了。

**@苏葭**：揭示了一点，现在还有大量媒体稿费低于千字100元。

**@ZiF_YEE**：网络小说目前好像是订阅打赏的，不是按字付酬。

**@钟殿舟**：吃饱了没事干的。把税基和税率调整下是正经。稿酬标准，那是市场的事。

**@微岳**：当作家，靠文字难养活自己。需要入作协啊。

## 媒体声音

如果说与"基本稿酬"标准关系最密切的是广大的一般写作者，那么"版税"则与作家和专业学者利益最为密切。对于"版税"，《办法》拟将提高到5%—15%，但是不知为何版税的起征点没有提高。现行的起征点是800元，且征收比例是20%。这个起征点和比例当年制定时，与整个社会的个人所得税起征点是一致的，今天的个人所得税起征点早调高了，为什么版税起征点不能相应调整呢？再则当年制定这样的版税起征点和征收比例时，全国人均收入和消费水平都差不多，但是现在全国不同地区，无论是收入水平，还是消费水平，差距很大，还这样全国"一刀切"，显然也是不合适的，至少应该将全国大体上分成几类地区，具体作出不同的规定。（人民日报：莫让"提高稿酬"落了空 http://e.weibo.com/mediaprofile/article/source?uid=2967529507&aid=8958775）

# 摩登时代

□本刊编辑部

在大数据时代，不谈点数据可视化，就太不摩登了。数据可视其实不足以概括报纸需求，于是有了这辑命名不太科学的话题："新闻可视化"。如果不是嫌长，前面本应加上"报纸"或"纸媒"二字。它包括新闻数据可视化和非数据的新闻信息可视化。



纸媒美术设计的领导者们对之抱以厚望。南方都市报美术总监墨白认为，创意图表是报纸突围的利器。新京报设计主编书红认为，新图纸是报纸适应新媒体的新法宝。这也意味着美编的转型，"从单一的版面设计到复合型新闻设计师的华丽转身"（高建定）。

转型是媒体业的潮流。要么换一条跑道，要么自己去走一条自己的路。君不见，刘春去创业，刘洲伟二次创业，张华年初还说不干自媒体（见《南方传媒研究》第 41 辑），这次转型"YouthMBA"创始人，指点微信如画江山。而人的转型，每每会伴随诸如万达内讧同志等谣言满天飞。

谣言一直是传播的宠儿和人们最爱的"八卦"。有人说孔飞力的《叫魂》揭示了中国人不爱求真的文化性——"老百姓、官僚和皇帝各自有各自所恐惧的东西，在他们看来，逃避这些恐惧比起辩是非求真实更加重要"。于是，谣言的出现是可恶的，谣言的土壤是可忽视的。在《新闻与谣言》一文中，王辰瑶寄语新闻管理者，"敦促新闻行其本道"，"这不仅可以降低公权力的运行成本，提高遏制谣言的效率，而且不伤害社会话语的活跃，从而达到既自由又健康的良性舆论状态"。盛世兴谣言，但愿今人胜古人。

需要创新的还有新闻教育。范东升放眼中西，希冀新闻教育课程体系和教学内容加速变革以应对传媒发展挑战。"启动，失败/学习，再尝试和再启动，然后再一切从头来过"。

如果可以重来，南都"前任张太声明"的广告和新快报"小女孩为晕倒清洁工撑伞"的报道还会面世吗?

姑且不论对错吧。至少从传播效果上看，即便寂寞空虚冷，报纸依然处在尚有可为、大有可为的摩登时代。